* * *

Sigfried Dittrich: Joghurt, Tee und Coca-Cola

* * *

Siegfried Dittrich

Joghurt, Tee und Coca-Cola

Eine abenteuerliche Reise
durch den
Mittleren Orient

von Deutschland nach Pakistan

1973

An dieser Stelle möchte ich mich bei meinen zwei Freunden, Frau Isa Weyhknecht-Diehl und Herrn Christian Schmied bedanken für die Hilfe, die sie mir so oft bei der Arbeit an diesem Buch zuteil werden ließen.

Bibliographische Informationen der Deutschen Nationalbibliothek
Die Deutsche Nationalbibliothek verzeichnet diese Publikation in der Deutschen Nationalbibliografie; detaillierte bibliografische Daten sind im Internet über http://dnb.d-nb.de abrufbar.

© 2008 Siegfried Dittrich
Fotos und Einband vom Autor
– Nachdruck, auch auszugsweise,
nur mit schriftlicher Erlaubnis des Autors –
Herstellung und Verlag: Books on Demand GmbH, Norderstedt
Printed in Germany
ISBN 978-3-8370-3931-3

Sigfried Dittrich: Joghurt, Tee und Coca-Cola

Dieses Buch widme ich „Anni", meiner 1976 ver-
storbenen Frau und Begleiterin auf all meinen
Reisen, die mich oft für tausende von Kilometern am
Steuer des Campingbusses und auch an Bord meiner
Motor- und Segelboote ablöste.

S.D.

Mai 1973. Endlich ist es soweit. Unsere große Reise in den "Mittleren-Osten" kann beginnen. Fast ein dreiviertel Jahr dauerten die Vorbereitungen. Es durfte nichts vergessen werden. Weder Visa-Beschaffung, noch die vorgeschriebenen Impfungen. Ersatzteile für das Fahrzeug sowie Bekleidung gegen Kälte, Regen und Hitze. Geschirr, Getränkeflaschen – also tausend Dinge und doch immer die Befürchtung: Haben wir nichts vergessen? Straßenkarten, Sprachführer und nicht zu vergessen: die Devisen...! Zwei Schaufeln, wenn man mal im Sand stecken bleibt. Bettzeug, Decken, Sonnenschirm, Klappstühle, kleinen Tisch und den großen Gepäckträger auf dem VW-Bus befestigen!

Übrigens: Im vorderen Teil des Trägers hatte ich eine Kiste mit Deckel und Belüftung für Ersatzreifen, Wasserkanister, Seile und was man möglicherweise sonst noch bei einer Panne brauchen kann. Der hintere Teil des Trägers war mit einer Holzplatte ausgelegt, auf der man zwei Stühle, einen Sonnenschirm und einen kleinen Tisch aufstellen konnte und so sind wir dann durch das Schiebedach auf unseren Ruheplatz gestiegen. Auf der rechten Seite des Busses, wo die Schiebetür war, hatte ich über die ganze Längsseite eine Markise angebracht, die man, wie bei einem Vorzelt, mit zwei Zeltstangen von 1,80 m aufstellen konnte, so dass wir immer Schatten hatten. Der Kühlschrank, im hinteren Teil des Fahrzeugs, konnte während der Fahrt mit der Autobatterie, aber bei Stromanschluss mit 220 Volt bzw. auch mit Campinggas betrieben werden. Ich hatte den Bus nur mit der Querbank bestellt, aber mit verstärkter Federung, Kupplung, Standheizung und auch mit einem stärkeren Motor. Alles weitere baute ich selbst ein. Auf der linken Seite eine

9

ausziehbare Sitz- bzw. Schlafbank von 80x180, aus-
gezogen 160x180 cm. Links, neben der Schiebetür, baute
ich einen kleinen Kleiderschrank ein und rechts eine
kleine Küchenzeile.

Nun war der Bus ausgerüstet und alles verstaut und
hoffentlich nichts vergessen.

Jetzt noch einmal in unseren Betten schlafen und
morgen, um 7 Uhr, wird dann der Motor zur großen
Reise gestartet – die Fahrt kann beginnen.

In fünf bis sechs Wochen sind wir, hoffentlich gesund und
um viele Erlebnisse reicher, wieder zurück. – Vielleicht
träume ich schon in der letzten Nacht in meinen Bett,
von unserer Fahrt.

Unsere Fahrt, die uns quer durch den Balkan nach
Bulgarien und weiter, quer durch die Türkei, von West
nach Ost, in den Iran, um dann in einer großen Schleife,
über *Schiras* und *Isfahan* in den Norden, nach *Teheran*,
an das Kaspische Meer und an die Grenze zu Afghanistan
bringt. In Afghanistan geht es dann weiter über *Herat*
und *Kandahar* nach *Kabul*, der Hauptstadt des Landes,
am Rande des *Hindukusch* gelegen. – Unsere Route führt
uns dann weiter über den *Khyber-Pass* nach *Peshawar*,
der ersten Stadt in Pakistan. Von dort geht es nach
Islamabad, zur "Deutschen Botschaft". Über *Lahore* und
Multan wollen wir weiter in den Süden von Pakistan,
nach *Karatschi*.

Ob mein Traum wahr wird? Na, wir werden es sehen!

Abfahrt 7 Uhr. Von Kaiserslautern durch den Pfälzer Wald in Richtung Karlsruhe, dort auf die Autobahn 8 und über Ulm und München – am schönen Chiemsee vorbei – weiter nach Salzburg. Hier machten wir das erste Mal, nach knapp 600 Kilometern halt. – Auf dem Campingplatz stellten wir unseren Bus ab, spazierten ein bisschen durch Salzburg und fanden ein nettes Lokal, wo wir für uns "Marillenklöße mit Vanillesoße" bestellten. Mit einem Glas Wein stießen wir auf unseren ersten Fahrtag an. Der nächste Tag führte uns über Villach und Klagenfurt, über den "Loibl-Pass" (1369 m), nach Jugoslawien. Über *Ljubljana*, wo wir auf den "Autoput" kamen, das ist die jugoslawische Autobahn, und über *Zagreb*, dem früheren AGRAM, fuhren wir nach etwa 500 Kilometern in *Belgrad* ein. Diese Stadt war uns nicht fremd, denn wir kannten sie schon von früheren Reisen. Doch wenn man schon hier ist, sollte man sich diese Stadt, die zwischen Donau und Save liegt, ansehen. Sehenswert ist z.B. die Festung, in deren Mauern schöne alte Kanonen stehen. Hier hat der "Prinz Eugen" (1717) die Türken bekämpft und gewonnen. Von der Festungsmauer hat man einen herrlichen Aus- und Rundblick über die Stadt und den Zusammenfluss von Donau und Save. Wir fuhren weiter auf den dortigen Campingplatz und nach der Anmeldung sind wir in eine *Gostionica*, ein kleines Restaurant, gegangen. Dort haben wir uns eine Portion Cevapcici und ein Glas *Pivo* (Bier) bestellt, was herrlich schmeckte. Dann sind wir in unsere Betten und schliefen bis zum nächsten Morgen!

Am nächsten Tag, nach dem Frühstück, geht es wieder auf dem "Autoput", nahe des Flusses *Morava* entlang, bis nach *Nîs*. Hier kamen wir auf unserer Fahrt nach

Griechenland 1963 durch, konnten aber nicht anhalten. Jetzt aber besuchten wir den *Totenschädelturm*. – Auf einer Tafel konnte man lesen, was hier vor langer Zeit geschehen ist: Freiheitskämpfer hatten sich zu ihrer Verteidigung in dem Pulverturm verschanzt. Als ihr Anführer merkte, dass die Übermacht zu groß war, hat er sich und seine mitstreitenden Freiheitskämpfer in die Luft gesprengt. So kann man es hier lesen.

Hinter *Nîs* fahren wir die links abbiegende Straße Richtung bulgarische Grenze. Den Autoput haben wir verlassen und sind gerade durch das Städtchen *Pirot* gefahren, da sehen wir auf der rechten Seite einen brennenden Pkw. Mehrere Leute standen dabei. Auf meine Frage wegen Hilfe, sagten sie, es sei keiner verletzt und die Feuerwehr käme gleich aus *Pirot*, wir könnten weiterfahren. Kurz darauf sind wir an der Grenze angekommen.

Bulgarien. Nach Passkontrolle und Geldumtausch fuhren wir noch etwa 30 km bis zur Hauptstadt *Sofia*. Sofia kannten wir auch von früheren Reisen, darum fuhren wir gleich in die Stadtmitte, bummelten dort durch die Straßen und schauten uns den *Alexandra Nevsky Dom* an, um danach in einem Restaurant zu Abend zu essen. Dann zurück zum Bus und ab zum Campingplatz. Nach einem "Gute-Nacht-Schluck" ging es dann in die Betten. Vor der Weiterfahrt am nächsten Morgen kauften wir noch einige Lebensmittel. Eine Eigenheit im Laden war, dass man erst an der Kasse das bezahlen musste, was man kaufen wollte und erst dann bekam man an der Theke das, was man eben bezahlt hatte. Andere Länder, andere Sitten! Bei der Weiterfahrt kamen wir an der rechts abbiegenden Straße vorbei, die zu dem wunderschönen

12

Rila-Kloster führt, wo wir damals, nachdem wir uns das Kloster mit seinen Außenmalereien angesehen hatten, von einem Mönch zu einem guten Frühstück eingeladen worden waren. Doch heute fahren wir weiter nach Osten. Wir fahren durch die Stadt *Plovdiv*. Zwischen *Plovdiv* und der Grenze breiten sich riesige Rosenfelder aus. Hier hatten wir damals erstmalig „Rosenkonfitüre" gekostet. Na, ja! Es ist halt alles Geschmackssache! Bald waren wir an der türkischen Grenze.

Türkei. Die türkischen Zöllner waren freundlich, wie damals 1967. Dann fuhren wir durch blühende Mohnfelder und grüne, mit Bäumen bestandene Hügel. Nach 300 km kamen wir in *Edirne*, dem alten *Adrianopel*, an. Wir fuhren an der gewaltigen Moschee und den Basaren vorbei und besuchten die vielen Cafés mit ihren süßen Verführungen. Das Abendessen fiel heute sehr karg aus – nach all den Süßigkeiten! Danach war „Nachtruhe" angesagt!

6.30 Uhr. Der Wecker läutet! Ich stand auf und holte beim Bäcker unser Frühstück. Als ich zurück kam, war Anni auch schon auf, hatte den Tisch gedeckt und Tee aufgebrüht. – Um 8 Uhr waren wir schon wieder unterwegs in Richtung *Istanbul*, dem ehemaligen *Konstantinopel*, dem *antiken Byzanz*. Links und rechts der Straße sahen wir, soweit das Auge reichte, Mohnfelder mit weißen und dunkelvioletten Blüten. Ab und zu, am Rande der Straße, ein paar großblütige, rote Mohnblumen. Nach etwa 200 Kilometern sehen wir das Marmarameer, blau wie auf Ansichtskarten. Wunderschön! Nach ein paar Kilometern fahren wir in *Istanbul*, der Stadt auf zwei Kontinenten, ein. *Istanbul* hat über 5 Mio. Einwohner und liegt wunderschön zu beiden Seiten des *Bosporus*,

13

der ein Teil der Verbindung ist zwischen dem Schwarzen Meer, durch das Marmarameer, den Dardanellen, zum Mittelmeer. – Wir streifen durch die Straßen und Gassen, besuchten wieder die "Sultan Ahmet Moschee" *(Blaue Moschee)*, das *Topkapi-Serail* und blickten über das *goldene Horn* hinüber nach *Üsküdar,* dem asiatischen Teil von Istanbul. Wir fuhren über die *Galata-Brücke* zum *Galataturm* und liefen durch das Galataviertel mit seinen kleinen Straßen und typischen türkischen Häusern. Besuchten den – ich glaube – größten islamischen Friedhof und noch viel mehr! Es gibt ja soviel zu entdecken. Man sollte diese Stadt am besten *erlaufen*! Man wird nicht enttäuscht sein! Und wer seiner Frau etwas Schönes kaufen möchte, etwa für den Hals oder Arm, der geht am besten durch den Goldschmiedebasar. Seiner Frau werden die Augen aufgehen und ihm sein Portemonnaie. Aber natürlich ist auch eine Fahrt mit der Fähre über den Bosporus sehr interessant oder mit einem Ausflugsboot an der Küste des Marmarameeres entlang oder durch den Bosporus bis zum Schwarzen Meer. Alles hat seine Reize und wer empfänglich ist für die Natur und den Orient, kommt voll auf seine Kosten! Sie merken schon: Dies alles kann man nicht an einem Tag erleben, dazu braucht man schon einige Tage, wenn man all das Schöne und Interessante sehen, erleben und voll auskosten möchte.

Am nächsten Morgen fahren wir zur neuen Bosporus-Brücke und sehen schon von weitem den mächtigen Bogen, der an Piloten mit Seilen befestigt ist. Mit hundert anderen Autos überqueren wir auf dieser schönen Brücke den Bosporus und sind nun auf der asiatischen Seite von Istanbul. Auf unserer Weiterfahrt kommen wir auf der linken Seite an der Straße, die nach *Sile*, einem

Altes Stadtviertel in Istanbul

kleinen Städtchen, welches am Schwarzen Meer liegt, vorbei. *Sile* kennen wir, denn hier haben wir einmal einen Urlaub verbracht. – Ich weiß noch: Kurz vor *Sile* biegt links eine Straße ab, die zum Campingplatz führt. Zum Platz gehört auch eine Hotelanlage. Wer zu diesem Hotel möchte, wird mit einer Fähre, die ein Türke per Hand über den 15 Meter breiten Fluss (Bach) an einem Tau hinüberzieht, übergesetzt. Drüben geht man auf einem Holzlattenweg, wie durch die Sylter Dünen, zur gepflegten Hotelanlage. Es gibt einen sehr schönen Strand, der zum Baden einlädt und man kann Ausflüge an die Felsenküste machen, mit phantastischem Blick auf die vom Meer ausgewaschenen Höhlen. Doch wir fahren daran vorbei, denn wir wollen weiter nach Ankara. Die Straße geht über *Kartai* und *Adapazani*. Hier in *Adapazani* überqueren wir den Fluss *Sakarya Nehri*, der in Anatolien entspringt, fahren durch *Dürzce* und *Bolu*, biegen bei *Yenicaga* rechts ab und dann geht es über das *Köroglu*-Gebirge. Nach 400 km fahren wir am Flughafen von *Ankara* vorbei und dann sind wir in *Ankara* gelandet. *Ankara*, das „*Ankyra*" der Antike, ist seit 1923 Hauptstadt der Türkei. Es hat knapp 3 Mio. Einwohner und einen Straßenverkehr wie alle Großstädte. Wir kämpften uns durch den Verkehr und hielten Ausschau nach einem uns passenden Hotel mit einem Garten als Standplatz für unseren Bus. Bei so einer Suche und bei dem Verkehr, sieht man erst, wie groß diese Stadt ist. Doch dann fanden wir ein Hotel mit Restaurant, in dessen Garten wir unseren Bus abstellen durften und dazu bekamen wir auch die Erlaubnis, mithilfe unseres Stromkabels Strom aus einer Steckdose im Hotel zu holen.

Na, wer sagt es denn, das hat doch wieder einmal prima geklappt!

Der nächste Tag fing wie immer mit einem wunderschönen Morgen an. Gefrühstückt haben wir im Hotel-Restaurant. – Nach dem Frühstück mit Weißbrot, Butter, Honig, Käse und gutem Kaffee, fuhren wir mit einem Taxi in die Stadt. Der Fahrer des Taxis hat, als er hörte, wir kommen aus Deutschland, uns an alle Plätze und Sehenswürdigkeiten gefahren. Vom Mausoleum *Kemal Atatürks*, im Stadtteil *Tandogan*, zum *Genclikpark*, auf dessen See man Bootfahren konnte usw. – Zum Dank, dass er uns so herumgefahren hat, haben wir ihn zum Essen eingeladen. Als wir dann gegen 19 Uhr, mit müden Beinen, wieder bei unserem Hotel waren, haben wir erst einmal geduscht, uns umgezogen, dann im Restaurant etwas gegessen und sind gegen 21 Uhr vor Müdigkeit in unsere Betten gefallen und haben tief und fest geschlafen, bis uns morgens die Sonne weckte.

Der neue Morgen begann mit einer schönen kalten Dusche. Dann wurde gefrühstückt und danach wurde der Motor gestartet. – Raus aus Ankara und auf die Straße, die uns über *Kirkkale* nach *Cerikli* brachte. Dann 60 Kilometer an einem Fluss entlang und weiter über *Yozgat* und *Sargun* bis nach *Siva*. *Siva* ist eine große Stadt und hier wollten wir unsere Tee- und Zuckerdosen auffüllen. Als ich den Bus parkte und ausstieg, sprach mich ein junger Türke auf Deutsch an: Du Deutscher? Ich sagte ja und fragte ihn, wo ich Tee und Zucker kaufen könnte? Er winkte ab und sagte, sein Freund hole es für mich. Inzwischen hat er mit anderen Freunden Stühle und einen kleinen Tisch gebracht und wir wurden gebeten, Platz zu nehmen. Wir bekamen Tee serviert und mussten erzählen, aus welcher Stadt wir kämen. Ich sagte: aus Kaiserslautern. Er darauf: Ah, Fritz Walter – Fußball. Ich wollte wissen, wieso sie alle so gut deutsch sprechen könnten? Da erzählte er uns, sie hätten in Köln bei Ford gearbeitet. Es waren alles nette junge Türken und ich dachte mir, so freundlich und gastlich sind wir eigentlich noch nie begrüßt worden. Leider mussten wir weiter. Wir bedankten uns sehr für den Tee und verabschiedeten uns von ihnen mit viel Händeschütteln und Winken. – Jetzt hatten wir aber sehr viel Zeit verloren und so machte ich den Vorschlag, bis zur nächsten Tankstelle am Stadtrand zu fahren und dort bis zum Morgen zu bleiben.

Um 6 Uhr wird der Motor gestartet und los geht die Fahrt. Kurz hinter *Sivas* beginnt die Straße anzusteigen. Wir klettern bis zur Passhöhe auf 1300 m. Aber dann geht es wieder bergab und wir durchfahren *Hafix*, *Erzincan* und kommen nach *Erzerum*. Es waren von *Sivas* nach *Erzerum* etwa 500 km. 500 km, auf denen die Straße dauernd rauf und runter ging, aber es war auch sehenswert. Wir kamen gegen 15 Uhr an und ich musste mich gleich zu einer Reifenfirma durchfragen, denn ich hatte mir einen Reifenschaden zugezogen. Der Chef der Firma hat meinen Reifen auch gleich repariert. In der Zeit habe ich zugesehen, wie sie alte Reifen vulkanisierten, also eine neue Lauffläche aufbrachten. Das war sehr interessant. Inzwischen war es später Nachmittag geworden, müde waren wir auch und so dachten wir, es sei das Beste, wenn wir gleich wieder zurück zur Straße fahren, denn dort war wieder eine große Tankstelle, wo wir im Bus übernachten konnten, um morgens gleich wieder weiterzufahren.

Inzwischen war ein Polizist dazugekommen und den habe ich gefragt, wie ich am schnellsten durch *Erzerum* zur Straße nach *Agri* käme. Er meinte, er würde uns den Weg zeigen, wenn er ein Stück mitfahren dürfte, da seine

Wohnung auf derselben Strecke liegen würde, die wir fahren müssten. Anni setzte sich auf die hintere Bank und der Polizist neben mich. Nach einigen Fahrminuten sagte er, hier wäre das Haus, in dem er wohne und er möchte hier aussteigen. Ich hielt an, er stieg aus und ich sagte noch „Danke" zu ihm und fuhr weiter zur Tankstelle an der Straße. – Anni sagte zu mir: „Du, der hat was eingesteckt." Ich wollte es nicht glauben, doch an der Tankstelle schaute ich nach und merkte, dass meine große Fotokamera weg war. Also hatte er mich doch beklaut!

Ich sagte mir: „Na warte, mein Freund, morgen kannst du etwas erleben!" Früh am nächsten Morgen fuhr ich sofort zurück an die Vulkanisieranstalt. Dort angekommen ging ich gleich zum Leiter der Firma und sagte zu ihm: „Bitte versuchen Sie, dass der Polizist, der gestern mit mir im Bus gefahren ist, sofort hierher kommt, sonst bin ich in 15 Minuten im Polizeipräsidium." – 10 Minuten später, und der Polizist war da. Ganz blass im Gesicht und sichtlich sehr nervös. Ich sagte ihm vor allen Männern, die da standen, auf den Kopf zu, dass er und nur er, meine Fotokamera, die zwischen mir und ihm gelegen hatte, an sich genommen hat. Wenn er sie mir nicht gleich zurück gäbe, führe ich sofort in das Präsidium und würde gegen ihn Anzeige erstatten. Er sagte sofort, ja, er gebe die Kamera zurück, und wollte in den Bus einsteigen. Ich sagte zu ihm: „NEIN – nicht einsteigen, sondern vor dem Bus herlaufen!", was er auch tat. Nach etwa 500 Metern blieb er stehen und machte mir ein Zeichen anzuhalten. Wir standen vor einem Haushaltswarengeschäft. Ich zog die Handbremse und bei laufendem Motor warteten wir auf das, was nun geschehen würde. Nach 5 Minuten kam der Polizist zurück und in der Hand, eingepackt in Zeitungspapier, meine Kamera, die er mir

Am Berg Ararat

mit einer Verbeugung übergab. Dabei murmelte er etwas, was ich nicht verstand. Egal! Hauptsache, ich hatte meine Kamera wieder. Schnell schaute ich nach, ob sie in Ordnung ist, was der Fall war, drohte dem Polizisten noch mit dem Finger und fuhr nun zurück zur Hauptstraße, um unsere Fahrt fortzusetzen.

Wir fuhren durch die Ortschaften *Pasinier* und *Horasiasn*, wo sich die Straße teilt. Links geht es über *Kars* zur türkisch-armenischen Grenze (bei *Leninakan*) und rechts geht die Straße zur iranischen Grenze. Sie zieht sich durch das *Arasgüneyi* Gebirge. Linkerhand sehen wir den Berg *Ararat* (2834 m) und kommen hoch oben im Gebirge zur Grenze. Dieser Grenzübergang liegt auf einem Plateau und ist kreisförmig mit einem Zaun umgeben. Dieser wird in der Mitte durch wieder einen Zaun geteilt, der aber offene Stellen hat, so dass die Fahrzeuge von einem Land in das andere fahren können. Wir dachten, ein paar Stunden würde die Kontrolle dauern, doch das ging von einer Passkontrolle zur anderen so reibungslos, wie wir es nicht für möglich gehalten hätten, da wir in Westeuropa schon anderes erlebt hatten. Von der türkischen Seite wurden wir freundlich verabschiedet und von der iranischen Seite ebenso freundlich empfangen.

Iran: Man wünschte uns eine gute Reise. Einen jungen iranischen Beamten habe ich gebeten, er möchte doch meinen Namen in seiner Schrift auf eine Seite meines Passes schreiben, was er auch tat. Schnell waren wir abgefertigt und die Bergstraße ging nun immer weiter hinab bis zur kleinen Ortschaft *Barzagan*, wo linkerhand ein kleines Hotel-Restaurant stand. Wir beschlossen: Hier bleiben wir und schlafen mal wieder in richtigen Betten.

Meine Frage, ob ein Zimmer frei sei, bejahte der Wirt. Wir holten gleich unsere Wasch- und Schlafsachen und richteten uns im Zimmer ein. Zum Abendessen bekamen wir, wie in Deutschland, Braten, Kartoffeln und Gemüse. Im Zimmer überschlug ich unsere bisherige Kilometerleistung und kam auf ca. 3000 km.

Am nächsten Morgen fuhren wir weiter Richtung *Teheran*. Über *Täbris*, wo ich auf der Rückfahrt Ölwechsel machen ließ, weiter bis *Mianeh* und *Takestan*, wo wir abbogen um nach *Hamadan* zu kommen. *Hamadan* ist bekannt für seine herrlichen Teppiche und war unser Haltepunkt für den heutigen Abend.

Am nächsten Tag ging es nach *Kermanshah*, wo wir die in der Nähe liegenden Grotten von *Tac-e-Boston* besuchten. In der Mitte der Anlage ist ein kleiner See, eingefasst von Rosensträuchern, und rechts vom Weg, der um den Teich herumführt, sieht man die *Basreliefs* und die im 4ten Jahrhundert in den Fels gehauenen Darstellungen des *Königs Schapur II*. In die Stadt ist es nicht weit und man kommt gleich in ein Verkehrschaos.

Die Stadt hat 200.000 Einwohner und man glaubt, alle sind mit ihrem Auto unterwegs. Wir gingen Abendessen und ließen dabei alles, was wir gesehen und erlebt haben, Revue passieren: Da sind die Basreliefs in *Taq-e-Boston* und die vor 1500 Jahren in Stein gehauenen Skulpturen und Darstellungen. Sehr gewaltig! Der kleine See davor, mit Wegen für die Besucher. Und Besucher waren da, in großer Anzahl. Familien mit Kind und Kegel.

Ein schmaler Bachlauf windet sich durch den Park, eingefasst mit Büschen und Bäumen. Alles sehr schön und gepflegt. Am Abend, bei der Fahrt in die Stadt – es war

Basrelief in Kermanshah

Grabmal des Königs Shapur II

23

dunkel geworden und die Straßenbeleuchtung brannte schon überall – mussten wir bei der Stadteinfahrt erst einen riesigen Springbrunnen umfahren, der in allen Farben leuchtete. Und in der Stadt, der Verkehr! Auto an Auto und alle nur mit Standlicht, dafür aber mit bunten Lichtern über das ganze Auto, und das in allen Farben. Das blitzte und drehte sich und zuckte, so dass von Verkehrsampeln nichts zu sehen war; wenn überhaupt welche da waren?! Ich habe keine gesehen. Man konnte nicht unterscheiden, wo was fährt. Trotzdem gab es keine Unfälle. Man muss sich das vorstellen: finstere Nacht, alle Autos nur mit Standlicht, die Fahrräder überhaupt kein Licht. Eine deutsche Politesse wäre in diesem Chaos völlig hilflos. Aber was soll auch eine deutsche Politesse in diesem Land? – Wir aber standen mit dem Bus direkt vor einer Polizeistation und betrachteten durch die Fenster unseres Busses die Menschenmenge und hatten unsere große Freude an diesem Gewimmel von Menschen und Autos. Dabei sprachen wir nochmals über die Höhlen in *Taq-e-Boston* und die in Stein gehauenen Skulpturen und Darstellungen des Königs *Schapur II*. Für heute machten wir Schluss und gingen schlafen. Morgen geht es weiter nach *Shahabad*.

Die Fahrt nach *Shahabad* dauerte nicht lange. Es sind nur 70 Kilometer. In *Shahabad* bogen wir rechts auf die Straße ein, die durch das Kurdengebiet und weiter nach Bagdad führt. Wir fuhren also bis *Zahab*, bogen rechts ein und waren mitten unter den Kurden. Natürlich machte ich Filmaufnahmen. Ein Gespräch mit den Kurden kam leider nicht zustande. Waren alle sehr schweigsam. Wir drehten also um und ich dachte, mit etwas Glück, bekomme ich an der Grenze zum *IRAK*, ein Tagesvisum. Bei der Grenze angekommen, ließ ich mich zu einem Offizier bringen und bat diesen um ein Tagesvisum in den Irak. Leider hat er das abgelehnt. – Also mussten wir wieder umkehren und zurück nach *Shahabad* fahren.

Unterwegs habe ich noch etwas gefilmt und fotografiert. Zum Beispiel eine kleine Kalkbrennerei, einige bunte Vögel und dachte nicht daran, dass ich mich im Grenzgebiet befinde, wo man nicht filmen sollte, beziehungsweise, nicht darf. Noch dazu im Grenzgebiet zwischen Iran und Irak, die sich seit Jahren ja nicht grün sind. Na, ich sollte es noch merken, was ich da gemacht hatte, als ich nach *Shahabad* zurückkam.

In *Shahabad* angekommen, stellte ich den Bus ab und sagte zu Anni: „Du bleibst im Bus und verriegelst den Wagen. Wer immer auch kommt, du machst nicht auf, bevor ich da bin." Ich kaufte einige Sachen und bin dann zum Bus zurück. Was muss ich sehen? Da steht ein Polizist, gestikuliert und spricht zur Anni. Aber sie macht die Tür nicht auf, wie ich es ihr geraten habe. Als ich beim Bus angelangt bin und ihn fragte, was er will, sagte er: „Mitkommen, Polizei, mit Foto." Und da fiel es mir ein: „Mensch, ich hab doch im Grenzgebiet fotografiert und gefilmt." Da er aber nichts von der Filmkamera sagte, habe ich natürlich nur die Fotokamera mitgenommen. Also weiß keiner was vom Filmen. Ich habe also die Kamera genommen und bin mit ihm zum Polizeichef. Zuerst sollte Anni mit, doch da war ich strikt dagegen. Ich sagte: „Nein! Frau bleibt im Bus!"

Also gingen wir etwa 200 Meter zur Polizeistation. Dort angekommen, wurde ich in einen Raum geführt und man sagte mir: „warten!" Also wartete ich. Nach einer halben Stunde kam ein anderer Polizist, der „mitkommen!"

sagte. Wir gingen ein Stockwerk höher und kamen in ein anderes Zimmer, wo es wieder hieß: setzen und warten. Also wartete ich weiter. Langsam wurde mir mulmig! Als ich mir so meine Gedanken machte, wie das hier ausgehen würde, ging die Tür auf und ein anderer Polizist, mit etwas Goldlametta auf Kragen und Ärmeln, winkte mir. „Aha", dachte ich, „jetzt geht es los." Er wird mich zum Chef bringen. Und so war es auch! Ich wurde wieder in ein anderes Zimmer geleitet, da hingen Bilder vom Schah an der Wand und die iranische Flagge war aufgestellt. Ein großer Schreibtisch stand da, Ledersessel, und in einen wurde ich platziert. – Ich dachte: „Ledersessel für mich? Da stuft man mich wahrscheinlich doch etwas höher ein, als ich gefürchtet hatte." Hinter dem Schreibtisch saß ein Offizier mit Gold am Kragen und Goldknöpfen an der Uniform. Er las in irgendwelchen Akten. Ich hatte dabei das Gefühl, dass das nur gespielt war und er mich in Wirklichkeit beobachtete und taxierte, um sich ein Bild von mir zu machen.

Nach etwa zehn Minuten legte er die Papiere weg und schaute mich an. Mit einem etwas fragenden Blick schaute ich zurück. – Als er zu sprechen anfing, war das erste, was er sagte – und zwar in einwandfreiem Deutsch: „Bitte, Ihren Pass." Ich war perplex!!! Ich reichte ihm die Pässe über den Schreibtisch. Er studierte die Eintragungen in den Pässen, las alle Stempel von den vielen Ländern, wobei er ein bisschen lächelte, als er zu der Seite kam, wo mein Name in seiner Landessprache stand, und er ihn las. Dann legte er die Pässe auf die Seite, blickte mich an und sagte: „Herr Dittrich, was machen sie hier in unserem Land?" Ich erzählte ihm, dass wir, meine Frau und ich, gern in andere und ferne Länder reisen, um etwas von den Menschen zu erfahren, etwa wie sie leben, arbeiten, wie bei ihnen die Sommer, die Winter sind. Wie sie sich kleiden, was sie essen, wobei es schon vorgekommen sei, dass man uns zum Essen eingeladen hat. Dabei mache ich Fotos von der Landschaft, den Bergen, den Flüssen, den prachtvollen Moscheen und natürlich auch von den Menschen. Wenn wir wieder zu Hause in Kaiserslautern sind – bei Nennung der Stadt huschte ein kleines Lächeln über sein Gesicht, als ob er die Stadt kennen würde – hätte ich einen Studienrat von der Universität, der immer sehr froh und interessiert sei, wenn er die Fotos, dann aber schon mit Kommentaren versehen, zur Verfügung für seine Vorträge von mir erhält.

Der Offizier hatte mir aufmerksam zugehört, dann sagte er: „Es ist sehr interessant, was sie tun, aber man hat mir gemeldet, dass sie im Grenzbereich fotografiert haben. Das ist nicht erlaubt. Es ist möglich, dass Dinge auf ihren Fotos zu sehen sind, die keiner sehen sollte. Sie werden verstehen, wenn ich Sie jetzt bitte, mir den Film auszuhändigen. Wir werden den Film entwickeln. Wenn alles harmlos ist, bekommen sie natürlich den Film wieder zurück. Bitte geben sie mir jetzt diesen Film...!" Ich sagte: „Selbstverständlich gebe ich ihnen den Film." Da ich aber nicht wusste, ob nicht doch etwas Verbotenes auf dem Film ist, was ich nicht bemerkt habe, musste ich mir also etwas einfallen lassen.

Meine Überlegung war nun: Man muss beim Zurückspulen unten an der Kamera einen Knopf drücken, damit das Filmtransportzahnrad ausgekuppelt wird. Wenn man das nicht macht, zerreißt die Perforierung und der Film wird nicht auf die Spule, sondern in den Hohlraum der Kamera befördert. Er ist also ganz zerdrückt und beim

Öffnen der Kamera durch den Lichteinfall sofort Schwarz, also überbelichtet. Das war das, was ich jetzt machen musste. Zu meinem großen Leidwesen wurden dadurch natürlich alle zuvor gemachten Aufnahmen vernichtet. Aber ich glaube, das war das kleinere Übel, als wenn man vielleicht doch etwas entdeckt hätte, was verboten ist. – Ich hörte, wie der Film in der Kamera zerriss. Es hörte sich für mich furchtbar an. – Aber es war besser so!

Als ich die Kamera öffnete und der Offizier das Malheur sah, war er sehr erschrocken. Er entschuldigte sich und sagte, dass es im sehr leid täte, was da geschehen ist. Ich erzählte ihm, dass mir die Kamera in der Türkei gestohlen worden sei, ich sie aber wieder zurückbekommen hätte, da ich dem Dieb auf den Kopf zusagen konnte, dass nur er bei mir im Bus gewesen war und sonst kein anderer. – Ich dächte, er habe an der Kamera herumgespielt und dabei etwas getan, was den Film beschädigte. Aber den Fehler hätte ich gemacht, weil ich zu vertrauensselig gewesen wäre. Das käme nicht wieder vor! – Der Offizier reichte mir noch seine Hand und wünschte uns eine gute Reise durch seine Heimat.

Als ich zum Bus zurück kam, hatte Anni sich schon Sorgen gemacht. Ich war beinahe 3 Stunden bei der Polizei gewesen. Ich startete den Motor und erst als wir aus *Schahabad* heraus waren, habe ich ihr alles erzählt! Sie meinte noch, es wäre gut gewesen, was ich mit dem Film gemacht habe. Man kann ja nie wissen, ob nicht doch etwas Verbotenes drauf war. Nach einiger Zeit hielt ich dann an, um endlich etwas zu essen und zu trinken. So gestärkt fuhren wir weiter nach *Dezful*.

In *Dezful* ist ein Museum mit von französischen Archäologen ausgegrabenen Gegenständen. Ich durfte in dem

28

Museum, mit der Erlaubnis des Leiters, einige Aufnahmen von den Ausgrabungsstücken machen, was mich
natürlich sehr gefreut hat. Zum Beispiel eine Tafel mit
Keilschrift oder Reliefbilder in Mosaikarbeit. Hier machte
ich auch Aufnahmen von Menschen vor einer Bäckerei,
die geduldig warteten, bis sie an der Reihe waren und ihr
Brot bekamen.

Keilschrift - Museum Dezful

Mosaik 1 - Museum Dezful

Mosaik 2 - Museum Dezful

Mosaik 3 - Museum Dezful

31

Junge Iranerin beim Bäcker in Dezful

Wir fahren weiter nach *Ahvaz*. Dort konnte ich bei der Herstellung von Lehmziegeln zusehen und filmen. Hier übernachteten wir und deckten uns mit Wasser und Fladenbrot ein. Am nächsten Tag, vor der Weiterfahrt, mussten wir in *Ahvaz* den Fluss *Karun* überqueren. Da sah ich, dass in der Mitte der Brücke ein Querbalken befestigt war. Ein Polizist kam und winkte, ich solle weiterfahren, er würde aufpassen, dass ich nicht mit dem Gepäckträger hängen bleibe. Ich fuhr los, zwar mit einem unguten Gefühl, da merkte ich, dass ich mit dem Träger anstieß und dabei etwa 10 Zentimeter unter dem Balken stecken blieb. Der Polizist versuchte, den Balken anzuheben, was aber misslang. Was nun? Ich überlegte kurz, dann habe ich einfach aus allen vier Reifen etwas Luft abgelassen und so kam ich dann unter dem Hindernis durch.

Nun fuhren wir erst in Richtung *Basra* (Irak), dann bogen wir nach Osten auf die Straße nach *Schiras* ab. Die Straße zog sich durch grüne Wiesen und Wälder bis dann die Berge begannen. Es war sehr heiß.

Als wir nach *Behbehan* kamen, wurde es noch heißer. Keine Wiesen mehr und keine Sträucher, nur noch Sand und rot-gelbe Felswände. Es war bestimmt um die 60° C. Wir hatten uns nasse Tücher über die Köpfe gelegt, aber es dauerte nicht lange, da waren sie schon wieder trocken. Anni hat dann von Zeit zu Zeit, mit einem Becher Wasser über unsere Köpfe gegossen.

In der Nähe von *Sheykki* wurde es so schlimm für Anni, dass sie sagte: „Halt an, ich kann nicht mehr!" Da sah ich rechts neben der Straße eine Bretterbude stehen, wahrscheinlich ein Rastplatz für die LKW-Fahrer. Einige Fahrer von den dort stehenden LKW saßen unter dem Dach dieser Bude. Schnell fuhr ich dort hin und 10 Meter vor ihnen hielt ich an, holte Anni aus dem Bus und führte sie unter das Dach. Ein Mann stellte gleich einen Stuhl für sie hin und sie setzte sich drauf, um sogleich, mit einem lauten Aufschrei, wieder aufzustehen. Der Stuhl hatte vorher in der Sonne gestanden und war natürlich knallheiß. Anni begann bitterlich zu weinen und fing am ganzen Körper zu zittern an. Ich vermutete, dass sie durch die übergroße Hitze einen Hitzschlag erlitten hatte. Ich musste also mit allen Mitteln versuchen, den überhitzten Körper abzukühlen. Unter dem Dach der Bretterbude stand ein Stuhl, auf den ich Anni setzte. Gleich daneben stand eine große Wassertonne, aus der ich nun einfach Wasser schöpfte und über Annis Kopf und Oberkörper laufen ließ. Die Männer standen um uns herum und schauten zu, was ich jetzt machte. Langsam hörte Anni auf zu weinen, auch das Zittern verschwand und ihr vorher bleiches Gesicht bekam wieder seine normale Farbe. Sie wurde immer ruhiger. Ich holte aus unserem Kühlschrank im Bus Trinkwasser mit Zitronensaft und gab es ihr. Nach etwa einer Stunde hatte Anni sich wieder soweit erholt, dass wir die Weiterfahrt wagen konnten. – Dass da, wo sie zusammenbrach, dieser LKW-Rastplatz plötzlich am Straßenrand stand und auch genug Wasser hatte, war ein Glücksfall, den man nicht hoch genug einschätzen kann. Es ging zum Glück glimpflich ab. Es war ein Wahnsinn, in dieser großen Mittagshitze zu fahren. Ich muss mir für diesen bösen Zwischenfall selbst die Schuld geben. Meine Erklärung kann nur sein, dass ich selbst durch die Hitze so benommen war, dass ich nicht die Gefahr bemerkte, in der wir uns befanden. Ich hätte anhalten, die Markise ausrollen und in ihrem Schatten, mit genügend Getränken versehen, die größte Hitze abwarten sollen. Aber wie man so sagt: Hinterher ist man immer schlauer!

Als die große Hitze vorbei war, Anni hatte sich im Bus auf die Polsterbank gelegt, fuhr ich noch die 150 km über *Kazerun* nach *Schiras* und gleich zum Campingplatz. Als wir dort ankamen, waren wir freudig überrascht über diese schöne und saubere Anlage. Direkt "paradiesisch"! Hier blieben wir einige Tage, damit sich Anni wieder erholen konnte. *Schiras* hat 300.000 Einwohner und liegt auf einer Höhe von 1.559 Metern. Wir haben uns morgens, wenn es noch nicht so warm war, die Stadt angesehen. Es heißt: "*Schiras* – die Stadt der Rosen" und "*Isfahan* – die Stadt der Paläste". So sagt man und man hat Recht! Man kann in *Schiras* hinsehen und -gehen, wohin man will, überall sieht man Rosen und atmet ihren Duft ein...! Ein Duft, der über der ganzen Stadt liegt. Fast nicht zu beschreiben. Man kommt in die Stadt durch das Nordtor, welches auch *Korantor* genannt wird, und fühlt sich wie in einem Märchen aus *Tausend-und-einer-Nacht*. Die vielen Sehenswürdigkeiten! Zum Beispiel: die Grabmale der Dichter *Hafiz* und *Sassi* und nicht zu vergessen: die herrlichen Basare!

Übrigens: Eine große Überraschung hatten wir noch in *Schiras* bzw. vor der Stadt. Zur damaligen Zeit, 1973 (Schah-Regime), waren die amerikanischen Soldaten, die "GIs", überall im Iran sehr beliebt und hatten auch einige Stützpunkte im Land. Auch in der Nähe von Schiras. Da ich damals schon über zwanzig Jahre bei der US-Armee angestellt war, bin ich in das Headquarter dieser Einheit, meldete mich bei dem Offizier und durfte mich dann mit den GIs unterhalten. Die freuten sich über unseren Besuch und wie sich herausstellte, gab es auch GIs aus der

Pfalz, die auch Kaiserslautern kannten. Nachdem man mich von allen Seiten mit Zigaretten versorgt hatte – damals rauchte ich noch – verabschiedeten wir uns und, versehen mit den besten Wünschen für unsere weitere Reise, fuhren wir los; doch nicht, ohne uns zuvor bei dem Kantinenauto, welches ein cleverer Iraner vor dem Tor des Camps aufgestellt hatte, mit "Hot-Dogs", "Hamburgern", Sandwiches und Wurst einzudecken. Denn wenn auch die amerikanische Wurst anders schmeckt als die bei uns in Deutschland, so kommt sie doch der unsrigen näher, als das, was wir seit zwei Wochen als Wurst zu kaufen bekamen. Leider wurde man durch große Schilder darauf hingewiesen, dass das Fotografieren verboten sei! Schade! Aber trotz der fehlenden Fotos von dem Kiosk und als Hintergrund das "US-Camp", werden wir dieses Camp und den Kiosk nie vergessen.

Camping in Schiras

Filmaufnahmen in Schiras

38

Am Grabmal des Dichters "Hafiz" in Schiras

Als nach zwei Tagen Aufenthalt die Brandwunde bei Anni Heilung zeigte und sich schon eine dünne neue Haut gebildet hatte, beschlossen wir beim Abendessen, dass wir am nächsten Tag weiterfahren wollen. Unser erster Stop war nach kurzer Fahrt in der Ruinenstadt *Perserpolis.* Eine große und gewaltige Anlage! Um sie in Gänze und in allen Details anzusehen, braucht man Tage und nicht nur ein paar Stunden. Hier hat der Schah die Feierlichkeiten zum 2.500 Jahre bestehenden Königreich abgehalten. Es muss eine phantastische Feierlichkeit gewesen sein, mit Gästen aus aller Welt. Auch gekrönte Häupter und Regierungspersönlichkeiten waren angereist und natürlich jede Menge Presse- und Kameraleute, um dies alles zu filmen und zu beschreiben. Alle Zeitungen auf der ganzen Welt haben darüber berichtet. – Nachdem wir uns *Perserpolis* angesehen hatten, sprachen wir während der Weiterfahrt über das eben Geschaute. – Also: *Perserpolis* ist schon als Ruine gewaltig, wie muss es da erst auf die Menschen gewirkt haben, als es unzerstört, in voller Pracht, dastand?

Ein paar Kilometer weiter kommt man dann zum Grabmal des *König Kyros* und ist wahrscheinlich im ersten Augenblick etwas enttäuscht. Doch wenn man es einige Zeit in Ruhe betrachtet, dann wirkt es, da in seinem Umfeld nichts Störendes und Ablenkendes steht, doch sehr eindrucksvoll und recht erhaben. Zu der Ruinenstadt von *Pasargade* können wir leider nicht fahren, obwohl es hin und zurück nur zwei Stunden sind. Aber das fehlt uns dann zur Fahrt nach Isfahan. Man kann auf einer so weiten Reise nicht alles sehen und bewundern. Man muss leider eine Auswahl treffen und Abstriche machen, nachdem man sich zuhause, so gut wie möglich, informiert hat über Kilometer und Tage, die für die Reise zur Verfügung stehen und zur Vorsicht 2-3 Tage als Reserve übrig gelassen hat für Dinge, die man nicht voraus sehen kann (bei uns waren es die Verletzung von Annis Bein und später ein Kupplungsschaden). Wenn man das nicht tut, sitzt man ganz schnell in der Klemme! – Man muss sich schon an die geplante Route halten, sonst kann es zu ernsten Folgen kommen.

Während unserer Unterhaltung sind inzwischen links die Berge bis auf über 3.600 m gestiegen, im Gegensatz dazu ist die rechte Seite eine wüstenartige Hochebene. Die Landschaft wird immer schroffer und steiler. Wir kommen durch die Stadt *Abadas*. Zwischen dieser Stadt und *Isfahan* gibt es viele verlassene und halb zerfallene Dörfer. Verlassen, durch das Versiegen des Wassers! Bei unserer ganzen langen Fahrt nach *Isfahan* lag eine ungewohnte Stille über dem ganzen Land. Wir fühlten uns, als seien wir ganz allein auf dieser Welt. – Nach 400 km senkte sich die Straße und das Land wurde grüner und grüner. Die ersten Gärten und Häuser flogen an uns vorbei. Endlich wieder grünes Land soweit das Auge reicht! Nicht mehr lange und wir sind in *Isfahan*. Diese Stadt liegt auf 1.450 Meter Höhe und hat 430.000 Einwohner. Durch diese Höhenlage ist die Stadt sehr beliebt, denn auch im Hochsommer hat sie ein mildes Klima und durch den breiten Fluss *Zayanden Rust* (Ewiger Fluss), den man bei der Einfahrt nach *Isfahan* auf der "*Siosehpol*-Brücke" überqueren muss, ist das Land ringsum mit Obst und Gemüsegärten und mit Büschen und Bäumen eingefasst.

Eine richtige Oase in dem Land, das wir seit Schiras durchfahren haben. Die Brücke hat 33 Bögen und ist 300

Grabmal des Königs Kyros

Meter lang. Sie wurde im 17. Jahrhundert errichtet und erlangte im 16/17. Jahrhundert eine so große Bedeutung, dass sie den Namen *Nesf-e-djahan* (die halbe Welt) bekam.

So begeistert wir von der Rosenstadt *Schiras* waren, so überwältigt sind wir von dieser Pracht *Isfahans*. *Isfahan* gehört durch seine historischen Paläste und herrlichen Kunstschätze und aufgrund seiner ruhmreichen Geschichte zu den schönsten Städten der Welt. Wenn man durch die Stadt geht und all diese Pracht sieht, kommt man aus dem Staunen nicht mehr heraus! Diese Stadt zu beschreiben ist fast unmöglich. Von jeder Moschee, von jedem Gebäude, von jedem Platz, müsste man ganze Bücher schreiben, um das wiederzugeben, was da an Schönheit auf den Betrachter einstürmt! – Diese Farben, diese Formen der Kuppeln, der Dächer und dieser Glanz – als wäre alles erst gestern entstanden! Dabei ist dies alles schon vor Hunderten von Jahren erbaut worden. Alles was man sieht, kann man beschreiben, fotografieren oder auf Film bannen und jeder Betrachter wird begeistert sein. Aber überwältigt von dieser Schönheit kann nur der sein, der persönlich durch diese Stadt gegangen ist! All die Menschen, die das erschaffen haben, waren nicht nur Baumeister, nein, sie waren Künstler, die in Farben und Formen geschwelgt und ihre ganze Liebe und ihr Können in diese Pracht hineingelegt haben. Man muss sagen: Diese Stadt ist wie ein lebendig gewordenes Märchen!

Man kommt über die erwähnte Brücke, fährt die *Khiaban Chajar Bagh* entlang, biegt dann rechts ab und kommt zum *Meidan Shah*-Platz. Dieser Platz ist 512 Meter lang und 164 Meter breit. Er galt noch vor einigen Jahren als der größte Platz der Welt. In der Mitte der Stadt, die von hohen Bergen eingefasst ist, liegt dieser Platz mit wunderschönen Anlagen und mit kleinen Wegen. Rings um den Platz steht ein Palast neben dem anderen und einer ist schöner als der andere. Wie in einem arabischen Märchen! Dazwischen kleine offene Handwerksläden. Da gab es Töpfer, Silberschmiede, Kunstschmiede, die Kupferkessel hämmerten, Seidentuchhändler und Schuhmacher. – An der linken Seite steht der *Ali Qapu* Palast, vis à vis ist die Moschee von *Scheich Lutfullah*. Im Norden des Platzes sieht man die *Chaharbagh-Moschee* und im Süden erhebt sich die „Schah-Moschee" (*Masdjed Shah*). 600 Meter in nördlicher Richtung steht man vor der *Madjed Djomen*, der "Freitags-Moschee".

Das sind nur einige Paläste und Moscheen dieser Stadt. Um alle aufzuzählen und zu beschreiben, müsste man ein Kenner für Kunst und orientalische Geschichte sein. Mitten in der Wüste eine Stadt, funkelnd und leuchtend und ganz umgeben von einem Grün, so dass man gar nicht fassen kann, dass es so etwas in einem sonst so trockenem Land, voller Steine und Sand, gibt. Eingefasst von hohen, öden Bergen und riesigen trockenen Salzseen, an denen man stundenlang entlang fährt. Und dann, plötzlich und unerwartet, tut sich ein grünes, mildes Paradies auf, mit dem Namen:

ISFAHAN!

Pol-e-Khandju-Brücke über den Zayanden-Fluss

Der Motor unseres Busses brummt und lässt Kilometer um Kilometer hinter sich. Wir fahren nun Richtung *Ghom* oder *Qhom*. Am Morgen haben wir um 8 Uhr von Isfahan Abschied genommen. – Leider! Doch wir müssen weiter. Nachdem wir uns gestern nach dem Abendessen nochmals das Bein von Anni angesehen hatten und alles in Ordnung war, sind wir zu dem Entschluss gekommen: Wir fahren morgen! – Und nun sind wir wieder auf der Piste. So gut es uns in Isfahan gefallen hat, aber wir müssen weiter. Wir haben noch eine lange Strecke vor uns. Den Bus hatten wir am Abend schon reisefertig gepackt, so dass wir nur noch zu frühstücken brauchten, um dann loszufahren.

Die Straße führt am östlichen Rande des *Kuh-e-Karkas* mit der höchsten Spitze von 3.899 Metern und später dann am *Kuh-Akiabad*-Gebirge entlang. Rechterhand breitet sich eine Hochebene aus Sand und Salz aus und es war wieder einmal sehr HEISS. Vor uns fuhr ein iranischer Mercedes. Es sah so aus, als hätten die Insassen Streit. Man sah, wie sie gestikulierten. Man konnte durch das Rückfenster den Fahrer, hinten in der Mitte einen Mann und rechts eine Frau mit Schleier erkennen. Plötzlich öffnete die Frau während der Fahrt die Tür und wollte herausspringen. Der Mann jedoch zog sie wieder zurück. Um nicht möglicherweise in ein Ehedrama zu geraten, nahm ich etwas Gas weg, so dass sich der Abstand zum anderen Wagen etwas vergrößerte. Wir passten nun auf, wie sich die Sache weiter entwickeln würde. Doch plötzlich gab der Fahrer Gas und war bald unseren Blicken entschwunden. Langsam erhöhte auch ich das Tempo, bis ich wieder meine Reisegeschwindigkeit hatte.

Ich fuhr nun gemütlich mein Tempo weiter und wir sahen, wie kann es auch anders möglich sein, kahle Berge links und auf der anderen Seite Wüste, durch die eine Karawane zieht. Man sah deutlich die Kamele, hoch bepackt, und ihre Treiber. Sie zogen langsam an einem See entlang und ich hatte das Gefühl, als könnte ich die Glocken der Tiere hören. Die Karawane war höchstens 30 Kilometer von uns weg, da fiel mir ein, ich hatte doch auf der Straßenkarte keinen See eingezeichnet gesehen! Was ist das? Ich schaute nochmals in die Karte... Da war kein See! Ich habe schnell die Kamera geschnappt und diese Karawane fotografiert. Auf einmal merkten wir, wie sich die ganze Karawane langsam, wie im Nebel, auflöste...
Da erst kam mir in den Sinn, dass wir einem Trugbild aufgesessen sind. Durch die flimmernde Hitze hat sich uns eine Luftspiegelung, wie man so sagt, eine *"Fata Morgana"* gezeigt. Es war phantastisch. Um ganz sicher zu sein, schaute ich auf die Straßenkarte und sah weit und breit keine Wasserstelle oder einen See, sondern nur trockene Salzseen und Wüste. Das war ein tolles Erlebnis!

Nach 300 Kilometern fuhren wir dann durch langsam grüner werdendes Land in die Stadt *Qhom* (Ghom) ein. Sie ist nach "Mekka", "Medina" und "Mashed" die vierte heilige Stadt! Die Stadt hat unzähligen Moscheen und Mausoleen. Von besonderer Eigenart sind die bizarre Turmkuppel des *Imamzadeh Hamzen* und die prachtvolle *Khorassan*-Moschee. Die Stadt hat 140.000 Einwohner. Hier wurde 1902 der *Ajatollah Khomeini* geboren († 1989)! Khomeini lebte in Frankreich im Exil. 1979 kam er aus Paris zurück, entmachtete den Schah *Reza Pachlewi* und rief die "Islamische Republik Iran" aus.

Wüste - Von Isfahan nach Qhum

Eine Fata Morgana

Durch die vielen Universitäten hier in Qhom, sieht man nicht nur Studenten, sondern auch Professoren, die man gleich an ihrem Habitus erkennt: schwarzer Überwurf – vom Hals bis zu den Knöcheln – mit weit geschnitten Ärmeln und weißem Turban.

Wir streiften durch die Stadt und suchten einen Parkplatz für unseren Bus. Für solche Städte muss man sich Zeit nehmen und alles auf sich einwirken lassen. Für die Häuser und Moscheen, die ja ganz anders sind als unsere Häuser und Kirchen, braucht man eben etwas Zeit, um dies alles gedanklich aufzunehmen und zu verarbeiten. Von *Istanbul* bis hier in *Qhom* – was haben wir da schon alles gesehen! Und immer war alles anders als zuvor! Und was werden wir noch alles sehen und erleben, denn wir haben noch nicht einmal die Hälfte unserer Reise geschafft! Jetzt haben wir die Türkei und den Iran bereist und haben noch zwei Länder, Afghanistan und Pakistan, vor uns und die Heimfahrt. Also, langweilig wird es uns nicht werden!

Hier in *Qhom* haben wir etwas erlebt, da war ich erstaunt. Als ich anfing zu fotografieren und zu filmen, stand immer ein Polizist in meiner Nähe und sah mir ganz interessiert zu. Will er beobachten, was ich fotografiere? Einige Jungen standen auch dabei und sahen mir zu. Bis auf einen. Immer fuhr er mit seinem Fahrrad vor meine Kamera. Da kam auf einmal der Polizist, sagte etwas zu dem Jungen und schraubte ihm die Ventile aus den Reifen, so dass er mich nicht mehr belästigen konnte. Der Polizist lächelte mir zu als wollte er sagen: „Jetzt kannst du in Ruhe filmen." Aber er schraubte, nachdem ich mit dem Filmen fertig war, die Ventile wieder in die Reifen, nur aufpumpen musste der Junge sie selbst. Ich bedankte mich bei dem Polizisten für seine Hilfe und sagte: "*mote fa'keram*" (Danke). Danach besuchten wir noch die Grabmoschee von *Fatima al Masumen* mit der weithin sichtbaren goldenen Kuppel. Dann ließen wir uns von der Menschenmenge im Basar mittreiben. Dabei atmeten wir den Geruch von Gewürzen und von Früchten, aber auch den Geruch vom Holz der Holzschnitzer ein und labten uns zwischendurch mit einem Glas Tee, um dann weiter zu den Ständen mit Seide und Brokat zu gehen und zu den Ledergeschäften, um zuzusehen, was da aus Leder für schöne Dinge gemacht werden: Schuhe, Gürtel, Taschen in allen Farben und natürlich Sitzkissen. Dann weiter zur nächsten schönen Moschee mit ihren kühlen, mit Teppichen ausgelegten Hallen.

Wird jetzt die Frage gestellt: „Und ihre Frau, wie hat sie sich verhalten in einem Land, wo doch Frauen den Schleier tragen müssen?" Nun, ich kann sagen, soviel wie ich gesehen habe, tragen meist ältere Frauen den Schleier, die Jugend geht ohne und mit kurzen Röcken oder Jeans – wie bei uns. Natürlich hat meine Frau auch ihr Haar bedeckt, wenn wir zum Beispiel eine Moschee besuchten.

Auch Qhom müssen wir verlassen. Die Zeit, die Zeit!

Moschee mit Turmuhr

Noch einmal die Moschee mit Turmuhr

Es geht nach *Teheran*. Die Landschaft, durch die wir fahren, ist wie immer. trocken, sandig und heiß! Ab und zu sieht man in der Ferne ein paar Häuser aus Lehm, aber auch die schwarzen Zelte der Nomaden. – Zwei, drei Kinder hüteten ihre Ziegen, das war alles! Von was ernähren sich die Tiere? Ich sehe kein Gras oder so etwas Ähnliches! Anni reicht mir während der Fahrt ab und zu einen Becher kalten Tee mit Zitronensaft. Das tut gut bei dieser Hitze! Wir fahren Kilometer um Kilometer.

Hinter *Qhom* sahen wir viele Ölbohrtürme und sonst, wie gesagt, nichts. Keinerlei Abwechslung! Wir sehen rechts wieder einen großen Salzsee und fahren 10 Kilometer an ihm entlang und die Hitze verdoppelt sich...! Doch wir kommen immer näher an *Teheran*. Man merkt es an der Straße, sie wird immer besser. Noch 150 Kilometer und wir sind in *Teheran*! Nun überqueren wir den Fluss *Hablehrud* und rollen auf der asphaltierten Straße nach *Teheran* hinein. Hier ist es auch nicht mehr so heiß, liegt doch *Teheran* 1.232 Meter hoch, am Rande des *Elbrus*-Gebirges, dessen Gipfel zu jeder Jahreszeit mit Schnee bedeckt sind.

Teheran hat über 3 Millionen Einwohner. Diese Stadt ist zwar die Hauptstadt des Landes, mit breiten Boulevards, Hochhäusern und Anlagen, aber sie sieht, im Vergleich mit *Schiras* und *Isfahan*, mehr nach einer westlichen Großstadt aus. Natürlich ist der Anblick von *Teheran* beeindruckend, vor allem, wenn man von Süden kommt und über diese riesige Stadt auf die Bergkette des *Elbrus*-Gebirges sieht, und wenn das auch noch bei Sonnenuntergang geschieht, dann leuchten die Bergspitzen mit ihrem Schnee wie Gold! Das ist ein Anblick, den man nicht vergisst.

Aber wie in jeder Großstadt herrscht auch hier starker Verkehr. Nur, hier fahren zwischen den Autos, Bussen und Motorrädern, auch Pferdewagen, Lastkarren, die von Menschenhand gezogen oder geschoben werden und auch Lastträger und nicht zu vergessen, da sind auch noch Radfahrer und die Klein-Taxis und große europäische und amerikanische Straßenkreuzer und die Menschen. Also ein richtiges Verkehrstohuwabohu. Jeden Moment meint man, dass irgendwer oder irgendwas in die offenen, meterbreiten, nicht gesicherten, tiefen Straßengräben – angefüllt mit Unrat – fährt oder fällt.

Wir sind hier immer nur mit einer Taxe oder mit dem Bus gefahren (besonders interessant); zum Beispiel zur „Deutschen Botschaft". – Wir wollten uns dort erkundigen, wo hier ein deutscher Arzt seine Praxis hat. Leider war in der Botschaft kein Angehöriger mehr da. Aber der Wachposten gab uns eine Anschrift von einem, wie er sagte, deutschen Arzt. Wir ließen uns mit einer Taxe zu dieser Adresse fahren, aber als wir dort ankamen, stellte sich heraus, dass dies ein Zahnarzt war. Sch...!

Wir sind dann zurück zum Campingplatz, den wir bei der Einfahrt nach Teheran gleich am Rande der Stadt gesehen hatten. Er war schön gelegen und schön angelegt. Wir haben dort dann mit dem Leiter des Platzes gesprochen, es war ein junger Mann mit weißem Hemd und schwarzer Hose, sehr gepflegt, so wie der ganze Platz. Er sprach englisch und DEUTSCH (!) und wir baten ihn um einen Stellplatz für unseren Bus, etwas geschützt gegen andere Camper, aber so gelegen, dass wir jederzeit, bei Bedarf, mit dem Bus den Platz verlassen konnten. Der Platz hatte einen Swimmingpool und war mit sehr sauberen Toiletten ausgestattet und man hatte von hier eine wundervolle Aussicht über die Stadt auf das *Elbrus*-Gebirge, welches mit seinen schneebedeckten Gipfeln gleich hinter der Stadt steil aufragt.

Drei Tage hielten wir uns in *Teheran* auf, um das Bein von Anni richtig auszukurieren. Es hatte sich leicht entzündet, also musste ich mir wieder etwas einfallen lassen, um das Bein wieder fit zu bekommen. Ich habe mit dem netten Chef gesprochen und ihm unser Problem geschildert. Er stellte die Frage, was er für uns tun könne. Ich sagte, ich hätte eine große Bitte an ihn. Ich bekäme die Hitze nur aus dem Bein, wenn ich das Bein die ganze Nacht mit Eis kühle. Da mein Kühlschrank aber nicht soviel Eis bereite, wie ich benötigen würde, käme nur in Betracht, Eis aus dem Kühlschrank des Gasthauses zu holen. Sekundenlang überlegte er, schaute mich an und sagte dann: OK! Wenn er um 22 Uhr sein Lokal zumache, gäbe er mir den Schlüssel, damit ich jederzeit Eis holen könne. – Ich fragte ihn, wieso er das tue. Er sagte: „Sie brauchen Hilfe und sie sind Deutsche." Also machte ich mich an die Arbeit. Ich hatte drei Tage Zeit. In der ersten Nacht kühlte ich das Bein mit Eis und gab eine Brand- und Heilsalbe auf die Stelle. Hundemüde, aber glücklich, konnte ich am nächsten Morgen registrieren, dass die Entzündung aus dem Bein und die Wunde wieder mit einer feinen Haut bedeckt war und die Ränder um die Verletzung ihren roten Rand verloren hatten. In der zweiten Nacht gab ich aber nur eine Heilsalbe und die auch nur ganz dünn und nur mit Gaze zugedeckt. Der Sonnenaufgang war herrlich, nicht nur wegen des Schauspiels auf dem Schnee des *Elbrus*, nein, hauptsächlich wegen des Erfolges der Behandlung der Brandwunde. Anni und ich waren glücklich über den Erfolg. – Jetzt konnten wir auch das Leben auf dem Campingplatz beobachten. Auf dem Platz war ein schöner sauberer Pool, der natürlich immer gut besucht war. Spaß hat uns gemacht, wenn am Morgen die Leute zu den Waschräumen und Toiletten gegangen sind. Ich habe mich nicht richtig ausgedrückt: nicht gegangen, sondern mit einer Rolle Toilettenpapier unter dem Arm sind sie alle GESCHRITTEN. So wie der Pfarrer in der Kirche. Manchmal kamen sie mir vor wie in Trance. Aber das Schöne war, es gab nie Streit!!! Am letzten Abend, wir hatten uns schon von dem netten Platzwart mit einem passenden Geschenk, welches wir ihm übergaben, verabschiedet, saßen wir noch unter unserer Markise bei einem Glas Tee und schauten hinauf zum *Elbrus*, über den wir morgen früh fahren werden...!

Bevor wir von *Teheran* abfahren, noch schnell ein kleiner Nachtrag: "Teheran" kommt aus dem alten "Teh-Ran" und bedeutet "Warmes Wasser". *Teheran* wurde 1729 zur Hauptstadt ernannt. Der Name des jetzigen Schah lautet: "Mohammad Reza Pahlewi". Regent seit 1941 als Schah! ("Schah-in-Schah" – "König der Könige")! Gekrönt wurde er 1971. – 1978/79 musste er abdanken. Er ging ins Exil, wo er später starb. Neuer Machthaber war von 1980-88 der Ayatollah "Khomeini". Seit dieser Zeit ist im Iran das Klima stark verändert. – Durch wessen Schuld, sei dahingestellt. Manchmal habe ich das Gefühl, als hätte man die Menschen, die ich damals, 1973, kennengelernt habe, ausgetauscht! Ich kann mir nicht vorstellen, dass heute fotografieren im Grenzgebiet, so – mit einem netten Gespräch – endet.

Unsere Weiterfahrt nach der "heiligen Stadt *Mashad*" führte uns nun in nordöstlicher Richtung zum *Kaspischen Meer*. Vom Campingplatz geht es erst durch ganz Teheran und dann zur Ortschaft *Damavand*. Die Straße

Am Kaspischen Meer

ist gut ausgebaut und mit Asphalt versehen. Sie steigt langsam an und Kurve folgt auf Kurve. Steile Abstürze, einmal links, dann wieder rechts der Straße. Es wird auch etwas kühler. Wir fahren durch eine gewaltige Gebirgslandschaft. Linkerhand sehen wir manchmal den *Damavant*. Er ist 5.671 Meter hoch und wer ihn erblickt, erfreut sich an seiner Schönheit. Diese Straße, die wir befahren, ist die sogenannte "Nord-Route". Sie ist erst seit 1971/72 durchgehend asphaltiert und dadurch sehr gut zu befahren. Bei *Amol* biegen wir auf die linke Abfahrt nach *Mahmudabad* und sind nun an den Gestaden des *Kaspischen Meeres* angekommen. Da im Moment keine Sonne scheint, ist alles ein wenig "Grau-in-Grau". Man sieht keinen Horizont. Der Blick über das Meer zerfließt in der Ferne in einem grauen Nebel, ohne Anfang und ohne Ende. Einige Fischer sind mit ihren Booten unterwegs.

Bei der Weiterfahrt am Kaspischen Meer änderte sich mit dem Wetter nicht nur die Sicht, sondern auch die Landschaft. Links das Meer und rechts sehen wir grüne, hügelige Wiesen und Felder mit Bäumen und Buschgruppen. Die Straße bog nun vom Meer ab und wir kamen nach *Gorgan*. Hier machten wir für heute Schluss! – Unseren Bus stellten wir im Hof des Hotels ab und nahmen im Restaurant unser Abendessen ein, tranken noch eine Tasse aromatischen Tee und gingen dann zu Bett.

Die Morgensonne sah uns bereits auf der Weiterfahrt in Richtung *Mashad*. Die Straße verlief etwa 40 Kilometer südlich der Grenze zur damaligen UdSSR. Dieses Gebiet nördlich der Grenze nennt sich heute *Turkmenistan*. Links und rechts weiten sich lichte Eichen- und Buchenwälder aus. Plötzlich tauchte links aus dem Wald ein großes Rudel Wildschweine auf und hielt uns an der Weiterfahrt auf. War das ein toller Anblick! Alle, ob groß, ob klein: alle schwarz. Die Eber mit mächtigen Hauern versehen. Da kann man nur froh sein, wenn man sie nicht als Fußgänger trifft. – Nach einiger Zeit trotteten sie dann weiter und verschwanden im Wald auf der anderen Straßenseite und wir konnten unsere Fahrt fortsetzen. Nun stieg die Straße wieder an, die Berge rückten näher. Wir fuhren durch *Bojnurd* und *Quchan*.

Am späten Nachmittag erreichten wir die Stadt *Mashhad*. Diese ist nach *Mekka* in Arabien die zweitheiligste Stadt der Moslems! – Hier heißt es beim Filmen und Fotografieren vorsichtig zu sein! In der Nähe des Marktplatzes fanden wir bei einem Hotel mit Restaurant einen Stellplatz für unseren Bus. Am nächsten Tag, nach dem Frühstück, schauten wir uns die Stadt an. Während wir so durch die Straßen bummelten, sah ich auf der anderen Straßenseite einen älteren, blauen VW-Bus mit einem deutschen Nummernschild stehen. Wir sind gleich über die Straße, um zu sehen, woher der Wagen kommt. Laut Nummernschild kam er aus Mannheim-Ludwigshafen. Also auch aus der Pfalz, so wie wir. In dem Moment kamen auch gerade die Fahrer des Wagens. Es war ein junges Pärchen und sie fuhren dieselbe Route wie wir, nur mit dem Unterschied, dass sie viel mehr Zeit hatten als wir. Sie hatten vor, einige Monate für diese Reise unterwegs zu sein. Die Glücklichen!! Wir hatten uns für den nächsten Tag verabredet, um gemeinsam *Maschad* mit seinen Heiligtümern zu besichtigen und – wenn möglich – zu fotografieren.

Nach dem Frühstück ging es also los zum Treffpunkt. Wir kamen fast zur selben Zeit an wie sie. Nun besprachen wir uns, was wir alles sehen möchten und mit Hilfe des Stadtplanes, den ich hatte, suchten wir unsere Punkte aus. Er, der junge Mann, zeigte mir, was er sich hat einfallen lassen. In eine alten Aktentasche hatte er seitlich ein Loch geschnitten, innen ein Brettchen angebracht, auf das er seine Kamera befestigt hatte und auf diese Art konnte er unauffällig Fotos machen, ohne von den Wächtern der Heiligtümer beachtet zu werden. „Schlaues Bürschchen!", kann man da nur sagen. – Die Straßenlaternen brannten schon, als wir uns für den nächsten Tag verabredeten.

Pünktlich trafen wir uns an der vereinbarten Stelle. Wir gingen langsam durch die Stadt und kamen von einer Moschee zur anderen. Die Eingänge und die Kuppeln sind auch hier von einer Pracht, die man sich kaum vorstellen kann. Die Kuppeln und Türme sind entweder mit glasierten Kacheln gedeckt oder vergoldet. Die Kosten müssen enorm gewesen sein, ebenso der Unter- wie der Erhalt all dieser Gebäude.

Leider habe ich hier nicht viel fotografiert, sondern mehr gefilmt. Aber man kann nicht alles machen. Was wir uns ansahen, war natürlich phantastisch. Zum Beispiel der Blick über die Stadt *Mashad*: unvergesslich schön! Im Vordergrund die Grabmoschee des *Iman Reza*. Man sieht die glasierten Kuppeln in der Sonne leuchten, die nach so vielen Jahren nichts von ihrem Glanz verloren haben. Ebenso die vergoldeten Dächer der Minarette und Moscheen – das kann beinahe blenden! Man könnte das Gefühl bekommen, "eben betritt der Kalif mit seinem Gefolge diesen Platz, das Volk jubelt ihm zu, während er von seinen Leuten Goldmünzen unter das Volk werfen lässt." Leider sehen wir keinen Kalifen und auch keine Goldmünzen, aber dafür die funkelnde Pracht dieser Stadt. Es wurde langsam Abend, so dass wir an den Abschied denken mussten. Denn morgen geht es weiter – Richtung Afghanistan. Also gaben wir dem Pärchen die Hand und wünschten ihnen eine gute und glückliche Weiter- und natürlich eine ebensolche Heimfahrt.

Der junge Mann bat mich noch, da wir ja eher als er mit seiner Begleiterin wieder zurück in Deutschland wären, bei seiner Mutter vorbeizufahren und ihr zu sagen, dass sie beide gesund und munter seien und viel zu erzählen hätten. Das habe ich natürlich versprochen und auch gehalten. Ich war bei seiner Mutter, doch wir trafen sie nicht an und so habe ich ihr nur eine Nachricht auf einem Zettel hinterlassen mit den Grüßen ihres Sohnes und seiner Begleiterin. Leider habe ich die Adresse von seiner Mutter ebenso wie auch die seinige verloren. Wir hätten uns bestimmt getroffen und von unseren Fahrten und Erlebnissen berichtet. Leider kam es nicht dazu. Aber so ist es: Man trifft sich und verliert sich wieder aus den Augen.

Afghanistan. Der nächste Morgen sah uns schon auf der Fahrt nach *Fariman.* Mehrere Kilometer fuhren wir am Fluss *Jam* entlang, links und rechts vom *Jam-Gebirge* eingefasst, bis nach *Dogharum* und *Tayebad* an der Grenze zu Afghanistan. Nach den Grenzformalitäten auf beiden Seiten Iran-Afghanistan, die aber keine großen Schwierigkeiten gemacht haben, außer der Verständigung, die ich aber meist durch kleine Geschenke, wie ein kleines Döschen Mückenspray oder etwas gegen Sonnenbrand usw. schnell überwunden hatte. Man ist in diesen

Ländern für alles dankbar und dadurch schafft man sich Freunde bei der Polizei und den Grenzbehörden, was nur gut für den Reisenden ist. Der Grenzort *Islam Qala* war durchfahren und nun also waren wir in Afghanistan, dem Land, von dem ich schon immer geträumt habe. Viele Bücher habe ich über dieses Land gelesen, von seinen Kämpfen und Kriegen, die es gegen jeden Eindringling geführt hat. – Bis heute konnte noch keiner dieses Land, dieses Volk, für die Dauer besiegen! Jeder Invasor wurde früher oder später wieder hinausgeworfen und meist mit großen, blutigen Verlusten. Die Briten können da in der Vergangenheit ein Lied davon singen. Kampf und Aufgabe der Festung in *Kabul* (um 1840) und der Rückzug über den *Khyber-Pass*, wo fast alle Briten – Frauen, Kinder und Soldaten – umgebracht wurden. Aber wir sind keine Briten und wir schreiben das Jahr 1973.

Die Straße von der Grenze nach der Stadt *"Herat"* ist gut asphaltiert und nach 139 Kilometern sind wir da. Die Einfallstraße ist zweispurig, sehr breit, und in der Mitte durch Blumen und Sträucher, die aber leider ziemlich vertrocknet sind, geteilt. An den Straßenrändern stehen hohe Bäume, die eine Allee bilden. Rechterhand sehen wir ein Hotel, welches einen guten Eindruck macht. Wir beschließen, dort ein Zimmer zu mieten. Das Zimmer, welches man uns zeigt, ist sauber und hat außer den zwei Betten, mit den obligatorischen breiten Ledergurten bespannt, einen Tisch, drei Stühle, einen Schrank mit Vorhang und ein Kästchen. Auch ein Waschbecken mit Spiegel war da, nur zur Toilette musste man in das Restaurant gehen. Zum Abendessen gab es Tomatenomelett. Hierfür werden pro Person, nach Wunsch, 4, 5, oder 6 Eier mit Salz und Pfeffer verrührt, in eine Pfanne geschüttet und mit Tomatenscheiben belegt. Das Ganze wird dann stocken gelassen und mit Fladenbrot serviert. Schmeckt lecker – auch bei Hitze!

Herat liegt auf etwa 950 Meter Höhe und am Fluss *Herirud*. Es hat über 85.000 Einwohner, schöne Plätze, einen schönen Bazar und sehr freundliche Menschen. In Herat gibt es viel kunstgewerbliche Industrie und es ist bekannt für seine Seidenweberei und für die Herstellung des feinen „Goldmauri-Teppich". Er ist ein Spitzenerzeugnis und wird nur von den Frauen des Turkmenenstammes, den Tekke, in Heimarbeit geknüpft. Dann gibt es hier noch die Silberschmiede und natürlich auch die Goldschmiede. Außerdem gibt es noch die Glasherstellung und Glasbläser, die Schalen und Vasen aus blauem Glas herstellen. Geschichtlich ist zu sagen: Alexander der Große nannte die Stadt "Alexander in Aria". Nach Alexander ist diese Stadt und das Land mit dauernden Kriegen und Schlachten überzogen worden. Die schlimmste Zeit war aber im 13ten Jahrhundert unter *Dschingis Khan*. Und dann kam schon die nächste Katastrophe im 14ten Jahrhundert unter *Tamerlan*. Erst im 15ten Jahrhundert erreichte *Herat* unter den *Timuriden* eine Hochzeit. In dieser Zeit wurden viele Moscheen und Theologieschulen gebaut. Eine der herausragendsten Moscheen ist die *Freitags-Moschee*. Sehenswert ist die weithin sichtbare Zitadelle. Von der Zitadelle hätte man einen wunderbaren Ausblick über die ganze Stadt und vor allem auf die Altstadt, die sich am Fuße der Zitadelle ausbreitet, gehabt. Doch leider ist das Betreten der Burg verboten, da es "Militärisches Sperrgebiet" ist. Aber so interessant es in *Herat* war, wir müssen weiter.

Von *Herat* geht es links nach *Mazar-i-Sharif*. Doch diese Straße ist nur, wie man mir sagte, mit einem Geländefahrzeug und mit sehr guter Ausrüstung zu befahren. Sie ist sehr steil und nicht befestigt. Also entscheiden wir uns natürlich für die Südroute. Wir fahren also auf die rechts abbiegende Straße und sind auf einer 16 Kilometer langen, schnurgeraden Kiefernallee. Aus der Ebene geht es nun in die Berge und wir überqueren dabei, in einer Höhe von 1.770 Metern, den *Mir-ali-Pass*. Nun fahren wir durch ein ockerfarbenes Land und kommen nach *Girischk*. Bei einem kleinen Kiosk machten wir halt und schauen dabei zu, wie ein Busfahrer mit einigen Eimern Wasser seinen zu heiß gewordenen Motor kühlt, indem er einfach das Wasser über den heißen Motor kippt! Hier in *Girischk* fahren wir über eine Brücke, die den Fluss *Helmand* oder *Hilmand* überquert. Dieser Fluss wurde von den Amerikanern zu einem riesigen See von 75 Kilometern aufgestaut, um die versalzte Wüste wieder urbar zu machen. Der Damm hat eine Höhe von 90 Metern! Hier trafen wir auch einen Jeep von der "UNICEF". Nachdem wir uns beim Kiosk mit schöner, orangefarbener Fanta eingedeckt hatten, fuhren wir weiter Richtung *Kandahar*, das wir nach 150 Kilometern erreichten. Der Name "Kandahar" kommt von "Iskandar", dem persischen "Alexander".

Kandahar: Auch hier ist die Einfallsstraße zweispurig und hat eine Baumallee, aber alles etwas verstaubt, was kein Wunder ist, bei dieser heißen, trockenen Luft, die aus dem wüstenähnlichen Land kommt. Je weiter man zur Stadtmitte kommt, umso öfter sieht man bepflanzte Rondelle, kleine Parks und Wohnhäuser mit 3-4 Etagen. Langsam sieht man auch erst kleine, dann größere Geschäfte, bis dann das Straßenbild so aussieht, wie in jeder Großstadt. Wir suchten ein Hotel mit Garten für unseren Bus an der Nahtstelle zwischen Neu- und Altstadt.

Kandahar ist eine quirlig lebendige, sehenswerte Stadt. Da wir aber schon genügend Großstädte gesehen haben, zog es uns in die Altstadt mit seinen Basarstraßen. Da war das orientalische Leben, wie wir es uns erhofft und gewünscht hatten und wie wir es erleben wollten. Hier bin ich auch oft allein durch die Gassen gelaufen, ohne Fotokamera. So konnte ich mich auch zu den Männern stellen, die bei einem Händler etwas erwerben wollten.

Es war interessant, dem Verhandeln zuzusehen und zu-zuhören. – Da wurde richtig gefeilscht und gestikuliert, zwischendurch ein Glas Tee, bis es dann endlich zu einem guten Abschluss kam. Ein Stück weiter, bei den Teppich- oder Seidenhändlern, da geht es wieder ganz ruhig zu, bei einem Glas *Tschai* (Tee) wird über alles gesprochen: Wie es mit der Gesundheit steht? Ob die Kinder brav sind?, bis man endlich zum wahren Grund des Besuches kommt.

Ich kam einige Male bei einem "Imbiss" vorbei und sah öfter dieselben Männer beim Kaffee oder Essen. Nach einiger Zeit grüßte ich und sie nickten mir zu. Beim nächsten Mal, winkte einer dieser Männer mit der Hand, ich sollte doch zu ihnen kommen. Ich dachte noch: „Na hoffentlich spricht wenigsten einer englisch." Also ging ich zu ihnen und setzte mich nach Aufforderung zu ihnen auf den Teppich. Nun begann eine Sprache "mit Händen und Füßen", wie man so sagt. Er zeigte in die Himmels-richtungen und meinte, wo ich herkommen würde. Ich zeigte nach Westen und winkte mit der Hand, so wie: weit, weit. Da sagte plötzlich einer: Du deutsch? Ich war perplex. Ein Afghane spricht deutsch. Ich sagte: „Ja, Deutschland." Ich fragte, wieso er deutsch spreche. Er sagte, er komme aus Kabul und dort würden Männer von deutschen Polizisten ausgebildet und daher könne er ein bisschen deutsch. Also man sieht: Selbst am Hindukusch spricht man deutsch. Wir haben uns weiter unterhalten und er hat alles den anderen übersetzt. Als ich in das Hotel zurückkam und meiner Frau erzählte, was ich eben erlebt hatte, wollte sie es gar nicht glauben.

Ein paar Tage später kam ich wieder dort vorbei und der Mann, der deutsch sprach, saß mit einigen anderen beisammen und sie haben aus einer großen Schale Joghurt gegessen. Er sah mich und winkte, ich sollte zu ihnen kommen. Ich ging hin und er lud mich ein, mit ihnen zu essen. Er zeigte mir, wie ich es machen muss. Also: Man reißt sich ein Stück vom Fladenbrot, legt es auf Daumen und Mittelfinger und versucht mit dem Zeigefinger es so zu formen, dass es wie ein Löffel aussieht. Und dann kann man so seinen Joghurt aus der Schale holen und in den Mund stecken. Beim zweiten oder dritten Mal klappte es und ich konnte mithalten. Nach einiger Zeit verabschiedete und bedankte ich mich für die Gastfreundschaft und gab jedem die Hand. – Meiner Frau musste ich natürlich alles erzählen. Sie hat sich gefreut, dass ich so etwas erlebt habe. Über *Kandahar* könnte man viel erzählen und schreiben, aber das sollen andere, Berufenere, tun. Ich will nur unsere Reise schildern, so wie wir sie erlebt haben.

Etwas über *Kandahar*: Die Stadt liegt in einer Höhe von über 1.000 Metern und in einer fruchtbaren Oase. Das arg versteppte Hinterland wird durch das aufgestaute Wasser des *Hilmend*-Flusses, den wir vor *Kandahar* überquert haben, bewässert. Die Stadt hat über 125.000 Einwohner und ist die zweitgrößte Stadt von Afghanistan. Erst 1919, nach vielen blutigen Kriegen, der letzte mit den Briten, errangen die Afghanen die Unabhängigkeit. Die Altstadt, die uns wie immer am meisten interessierte, wird von vier Basarstraßen durchquert, die sich in der Mitte, am *Char Suq*-Platz, treffen. Diese Basarstraßen sind so breit, dass ganze Karawanen durchziehen können. In diesen Basaren gibt es lebende Vögel, Früchte, Kupfer- und Silberarbeiten und natürlich Kelims.

Übrigens: Die neue Autostraße von *Herat* nach *Kandahar* haben die Sowjets und die Straße von *Kandahar* nach *Kabul* die Amerikaner gebaut. Diese amerikanische Straße werden wir fahren, wenn es für uns wieder weitergeht, Richtung *KABUL*.

Heute ist der Tag unserer Weiterfahrt gekommen. Nun fahren wir also über eine "AMI-Straße". Ob die Reifen unseres Busses das merken? Sie singen so schön. Hören sie vielleicht ein paar amerikanische Wortfetzen aus dem Asphalt, die sie an die GIs in der Pfalz erinnern? Jedenfalls, die Straße ist „1 A"! Wir fahren durch *Qalat-i-Ghilzai*, wo der mächtige Paschtunenstamm *Ghilzai* lebt. Auf der Fahrt nach *Mukur*, welches auf den Ausläufern des *Hindukusch* liegt, sehen wir ab und zu die schwarzen Zelte der Nomaden. Südlich von *Mukur* liegt ein großer Salzsee in der versteppten Wüste. Leider konnten wir nicht dort hin, der Umweg wäre zu groß gewesen. Aber dort gehen im Frühjahr Tausende von Zugvögeln nieder, bevor sie den Flug über den Hindukusch antreten. Hier befinden sich auch die letzten Flamingobrutplätze von ganz Asien. Aber die Zeit treibt uns weiter. Am Fluss *Ghazni* entlang, der dieser Stadt den Namen gab, fahren wir in die Stadt ein, die linkerhand, von einer Zitadelle überragt, auf einem Gebirgsvorsprung erbaut ist.

Schwarze Zelte an der Straße von Kandahar nach Kabul

Diese Stadt liegt auf 2.190 Meter Höhe und hat 10.000 Einwohner. Die Altstadt mit ihren engen Gässchen windet sich bis zur Stadtmauer mit ihren drei Stadttoren. Durch das *Tor des Hakim* erstürmten die Briten 1839 unter "General Keane" die Stadt und Zitadelle. Drei Jahre später verloren dort die Briten ihr ganzes Expeditionscorps.

Im Basar kann man die bekannten *Pustins*, das sind bestickte Lammfellmäntel, und Paschtunenhemden kaufen. Wenn man auf die Landkarte schaut, sieht man, dass die Straße von der westlichen Grenze (Herat) einen großen Bogen nach Süden (nach Kandahar) und dann wieder nach Norden (nach Kabul) macht. Die Ausläufer des Hindukusch erstrecken sich weit nach Westen und sind im Norden, straßenmäßig, nicht so erschlossen, so dass es dort keinen geregelten Gütertransport geben kann. Vor *Dschingis Khan* – und vor allem vor *Tamerlan* – gab es hier durch Wasserkanäle eine gute und blühende Landschaft. Doch *Dschingis Khan* zerstörte alle Städte und Dörfer. Und dann kam auch noch *Tamerlan*. Der ließ keinen Stein auf dem anderen. Alle Wasserkanäle wurden dem Erdboden gleichgemacht. Nur noch Steppe und Wüste! Man will zwar jetzt wieder das Land bewässern und urbar machen, aber trotz großer Mühe und viel Geldes, wird es nie wieder so werden, wie es einst war. Das Wasser, welches man aus dem Stausee auf das Land leitet, versickert im Boden und bringt so das Salz wieder nach oben oder verdunstet in der großen Hitze. Dieser Kampf ist fast nicht zu gewinnen.

Wir fahren nun weiter zur Hauptstadt *Kabul*. Sie ist seit 1776 Hauptstadt von Afghanistan. Es leben 489.000 Einwohner in ihr und sie liegt in einer Höhe von 1.800

Metern. Der Fluss *Kabul*, der der Stadt ihren Namen gab, teilt die Stadt in zwei Hälften. Auf der rechten Seite liegt die Altstadt und auf der linken Seite ist die Neustadt mit ihrem Regierungsviertel und dem Ausländerzentrum, dem sogenannten *Shar-i-Naum*. In *Kabul* leben vor allem Angehörige des "Paschtunenstammes". Hier, im Zentrum von *Kabul*, am "Paschtunistenplatz", steht auch das "Khyber-Restaurant".

Die Einfahrt in Kabul: "abenteuerlich!" Lkw, Busse, Drei-radlieferwagen, alles bunt bemalt mit Landschaftsbil-dern, Ornamenten, Blumen, Tieren, also alles, was man sich nur denken kann, dazu geschmückt mit Girlanden und farbigen Bändern, und das alles in den – manchmal – grellsten Farben. Man weiß nicht, wo man zuerst hin-sehen soll: auf die Bemalung oder auf den Verkehr. Trotz alledem kam ich genau dorthin, wohin ich wollte, zum *Paschtunisten Platz*, in der Mitte von Kabul, mit seinem bekannten *Khyber-Restaurant*. Das war für die Zeit, die wir hier verbrachten, unser Hauptquartier. Hier haben wir immer gegessen und im Bus vor dem Restaurant ge-schlafen. Ich habe oft das Schiebedach aufgemacht und von da aus alles betrachtet. Zum Beispiel, da Afghanistan und Pakistan oft im Clinch lagen (immer noch liegen), konnte ich einige Male Autokonvois mit pakistanischen Politikern und Offizieren beobachten, wenn sie zu irgend-welchen Gesprächen nach Kabul zur Regierung gefahren wurden. Bevor der Konvoi kam, wurde immer von Polizei und Militär versucht, den Platz einigermaßen von Menschen und vom Verkehr freizumachen, was selten gelang.

Unsere Freude war natürlich wieder die Altstadt und der Gang am Kabulfluss entlang, auf dessen Mauer die Teppichknüpfer ihre schönen Teppiche zum Trocknen ausgelegt haben. Berge von Gemüse und dem schönsten Obst werden angeboten. Man kommt an Garküchen vorbei, aus denen es verführerisch duftet, daneben Holzschnitzer, Lederwaren und – nicht zu vergessen – die Seidenhändler mit ihren schönsten und feinsten Seidenstoffen. Man kann stundenlang durch die Basarstraßen gehen und wird immer wieder etwas Neues entdecken. Hier habe ich mir auch einen echten Paschtunenmantel gekauft – einen *Pustin*. Dieser Mantel wird mit dem Fell nach innen getragen und ist außen mit Goldfäden „handbestickt". Die Stickerei befindet sich auf der Vorder- und Rückseite sowie auf den Ärmeln und auf dem Kragen. Es war wirklich ein schönes Stück, was ich da bekommen habe.

Wir bummelten oft durch die Gassen der Basare und haben dabei die besondere Atmosphäre, den Duft und die Gerüche der Gewürzhändler und der Garküchen in uns aufgenommen. Wir sahen die Menschen hasten oder ruhig daherschreiten. Einige standen vor den verschiedensten Angeboten der Händler, besahen die Waren oder machten gerade einen Preis aus. Wir sahen Männer in westlicher Kleidung, aber auch afghanische Frauen in modischem Schick. Aber auch Frauen im "Tschador" und Männer mit "Turban", in den verschiedensten Farben und Formen. Da gab es Paschtunen, Tadschicken, Pakistani, Inder und alle möglichen Völkerrassen. Ein buntes und farbiges Durcheinander! Wenn man dann bei einem *Tschai* (Tee) sitzt und das alles auf sich einwirken lässt, fängt man an zu träumen und es kommen vielleicht Abenteuer, die man als Bub gelesen hat, in Gedanken zurück und man vergisst alles, was einen zuhause erwartet – das ist alles weit, weit weg und es wäre schade, in diesem Moment auch nur eine Sekunde daran zu vergeuden. In solchen Stunden ist man nur noch ein Teil von all den Menschen und Dingen, die einen umgeben und uns wie verzaubert sein lassen.

Von unserem *Khyber* konnte man das Schloss (*Argh*) sehen. Leider war es nicht zur Besichtigung freigegeben. Aber folgt man der breiten Straße *Ibn-Sena-Wat* nach Norden, so sieht man linkerhand das Kabul-Hotel, in dem die Büros der afghanischen Airlines sind. Nicht weit davon steht das Präsidenten-Palais und liegt der *Zarenghar-Park*. Wenn man will, kann man auch den Zoo besuchen, er liegt links des Kabulflusses. Er ist im Rahmen einer Partnerschaft der Universitäten Bonn und Kabul entstanden. Seine Eröffnung war 1969. Die Festung *Bala-Hissar* kann man leider nicht besichtigen. Hier in der Festungsanlage wurde der britische "Sir Lous Cavagnati" mit seinem Gefolge 1873 niedergemetzelt. Als Vergeltung sprengten die Briten die Zitadelle. Man sieht, für Soldaten, samt ihren Befehlshabern, ist hier ein sehr gefährliches Klima! Das sieht man auch in neuerer Zeit!

Im Jahr meiner Reise war alles ruhig und man konnte unbedenklich ganz allein durch die engsten Gassen gehen, ohne dass man etwas befürchten musste. 1973 war ein gutes Jahr, um in Afghanistan zu reisen! Man war freundlich und half uns immer.

Einmal waren wir in der Nähe des Kabulflusses und wollten Milch kaufen. Aber wo bekommt man die? Ein junger Mann fragte uns auf Englisch: „Can I help you?"

Paschtunenmantel - Pustin - mit Gold bestickt

Frauen im Tschador – Kabul

Am Paschtunistenplatz – Nähe Khyber-Restaurant

Im Basar – Kabul

Einer der vielen Lastenträger in Kabul

76

Auf unsere Frage nach einem Milchgeschäft sagte er: „Come on!", und führte uns zu einem Milch- und Käseverkäufer. Solche Freundlichkeit haben wir eigentlich auf unserer ganzen Reise gefunden. Einmal, wir saßen im Khyber-Restaurant beim Mittagessen und waren gerade fertig, kamen zwei junge Männer von etwa 25 Jahren an unseren Tisch und fragten, ob sie sich zu uns setzen dürften. Es waren zwei Mechaniker, die im Auftrag unserer Bundesregierung hier in Kabul und Umgebung mit der Wasserversorgung tätig waren. Der eine junge Mann war in Begleitung seiner afghanischen Freundin. Auch so etwas gab es!

Übrigens: Das Essen im Khyber war immer ausgezeichnet. Es gab jeden Tag verschiedene Fleischspeisen. Wir mögen kein Lamm, also aßen wir immer etwas mit Rind. Da gab es, ich konnte es nicht glauben: Gulasch oder Rinderbraten und so etwas wie "Tafelspitz", dann eine Art Geschnetzeltes mit Curry. Also man konnte nicht klagen, es war immer reichlich und gut und dabei, für uns, preiswert! Doch auch hier mussten wir Abschied nehmen, denn wir wollten nun in den Norden von Afghanistan, nach *Bamijan*, um die bekannten riesigen *Buddahfiguren*, die aus dem Fels geschlagen worden sind, zu bestaunen.

Wir fuhren also eines Tages von Kabul Richtung Norden. Wir kamen durch das *Koh-i-Daman*-Tal, durch den Ort *Tscharikar*, wo wir nach links abbiegen mussten, um auf den Weg über den *Shibar-Pass* (2.940 m) zu kommen. Doch da standen Soldaten, versperrten die Straße und ließen uns nicht weiterfahren. Was ich aus ihren Winken, "zurück", "zurück", entnehmen konnte, war, dass hier irgendein Manöver stattfand und deshalb die Straße gesperrt war. Also nichts mit *Bamijan*. Wir wendeten und fuhren zurück bis zur Kreuzung, um dann auf die Straße nach *Kundus* zu kommen, aber auch da war eine Straßensperre. Das war wohl nicht unser Tag! Also zurück nach Kabul und zu unserem Khyber-Restaurant und überlegen, was tun? Erst einmal: Ölwechsel!!!

Beim Abendessen haben wir noch einmal die heute gefahrene Strecke besprochen. Wir sind von Kabul nördlich durch das *Koh-i-Daman-Tal* gefahren bis zur Ortschaft *Tschari-kar*. Dort bogen wir links auf den Weg in das *Ghorband-Tal* ab, um über den *Shibar-Pass* (2.940 m) weiter nach *Bamiyan* zu kommen. Leider haben, wie schon gesagt, Soldaten alle Straßen da oben gesperrt, so dass wir weder nach Bamiyan noch nach *Mazar-i-Sharif*, noch nach Kundus konnten. Es war zwar eine wunderschöne Landschaft, die wir durchfahren haben, aber eben nicht die Plätze, auf die wir uns so sehr gefreut hatten. Diese Täler, diese Berge – also das ist schon was; aber die drei "i-Tüpfelchen" waren nicht dabei. SCHADE! Hat nicht sollen sein!

Nach kurzer Besprechung kamen wir zu dem Schluss: Wir fahren morgen Richtung Osten, zum *Khyber-Pass* und dann weiter nach Pakistan. So machten wir es. Die Leute im Khyber freuten sich, dass wir wieder da waren und wir konnten, als Entschädigung für das Entgangene, ein gutes Essen zu uns nehmen. Das war ja auch was! Also Straßenkarten und Reiseführer und alle Unterlagen, die wir für die Weiterfahrt brauchen und Pässe überprüfen, sowie Benzin, Öl, Reifendruck und nicht zu vergessen: Nahrung und WASSER!!! Da wir am nächsten Tag beizeiten aufbrechen wollten, verstauten wir all unsere Sachen gleich in den Bus, machten alles fest für die Fahrt, damit nichts zu Bruch geht, füllten den Kühlschrank mit allem, was man gegen Durst und Hunger benötigt und packten natürlich auch die belichteten sowie unbelichteten Filme für Foto und Filmkamera dazu.

Schade, dass wir die zwei deutschen jungen Techniker, die hier arbeiteten, nicht mehr getroffen haben und uns von ihnen nicht verabschieden konnten. Nun, vielleicht bekommen sie einmal dieses Buch in die Hände und wenn sie diese Zeilen lesen, erinnern sie sich dann vielleicht wieder an die Zeit vor 35 Jahren in Kabul. Sie müssten ja jetzt auch schon über 60 Jahre alt sein.

Da nun alles für die morgige Fahrt verstaut war, gab es jetzt nur noch: Schlafen, bis der Wecker läutet! Die Fahrt über den *Khyber* wird keine Sonntagsspazierfahrt werden, noch dazu bei "Linksverkehr"!

Um sechs Uhr läutete der Wecker und nach einem kurzen Frühstück, geht die Fahrt los. Wir fahren durch die kurze *Jad-i-Isteklal*-Straße und kommen dann auf die nach Osten führende Straße nach *Dschalalabad*. Man fährt auf einer Hochebene, bis dann die Berge näherkommen. Die gut ausgebaute Straße windet sich nun in Serpentinen durch die wilde, aber schöne *Tang-i-Gharu*-Schlucht, durch die sich der Kabul-Fluss wie wild ergießt, was ein Wasserkraftwerk sich zu Nutze macht. Weiter unten fließt der Kabul und der *Pandscher*-Fluss zusammen und dies wird ebenfalls für ein Kraftwerk genutzt. Nach etwa 100 Kilometern von Kabul geht es durch ein wüstenartiges, hügeliges Gelände, bis sich am Ende des Gebirges ein Reis- und Obstanbaugebiet erschließt. Nun sind es nur noch 89 Kilometer bis *Dschalalabad*. Die Stadt liegt auf einer Höhe von 569 m und hat 15.000

Einwohner. Sie liegt geschützt durch die hohen Gebirgszüge in einer Oase. Die Sommermonate sind hier sehr heiß, dagegen sind die Wintermonate so mild, dass viele reiche Afghanis hier ihren Winteraufenthalt nehmen. Hier ganz in der Nähe, an der Straße *Kabul-Dschalalabad*, liegen bei *Nimlas* an der alten Karawanenstraße die *Mogulgärten,* die der Mogulkaiser *Dchahangir* 1610 errichten ließ. Gegenüber *Dschalalabad* bietet die Umgebung viele schöne Parks und Anlagen zum Besichtigen. Wer das Abenteuer liebt und einen geländefähigen Wagen besitzt, kann einen Ausflug in die nördliche Provinz *Nuristan* machen. Er muss aber damit rechnen, dass er möglicherweise seinen Ausflug abbrechen muss, weil Unwetter und Wildwasser die sowieso schwanken-den Brücken einfach weggerissen haben. Also, da muss man schon sehr hart im Nehmen sein! Aber wer Glück hat, der durchfährt eine Landschaft, die er nie wieder vergessen wird. Er durchfährt die Ausläufer des *Karakorum*-Gebirges beziehungsweise die Ausläufer des *Hindukusch*, mit seiner höchsten Erhebung, dem *Tiritsch Mir* mit 7.699 Metern. Also etwas für "ganz harte Kerle"! Übrigens: Der Landesname "Nuristan" bedeutet "Land des Lichts" – das klingt doch vielversprechend schön!

Wir halten uns in *Dschalalabad* nicht lange auf, denn wir wollen noch heute über den *Khyber-Pass*. Wir fahren bis zur Grenzstation *Torkhan*, machen dort ein paar Aufnahmen und dann müssen wir auch schon weiterfahren, da die Überquerung des Passes nach Sonnenuntergang verboten ist. Nach den Grenzformalitäten habe ich noch das Plakat mit der Aufschrift "Pakistan – Der historische Khyber-Pass" aus dem Büro geholt, draußen aufgestellt und gefilmt.

Filmaufnahmen in Pakistan

Von Kabul bis Dschalalabad sind es 95 Kilometer. Bis Torkham sind es 75 Kilometer und von dort über den Pass bis *Peschawar* in Pakistan nochmals 55 Kilometer. Das sind zwar nur etwa 250 Kilometer, aber dazwischen liegt eben der Khyber-Pass, nicht sehr hoch, nur 1.070 Meter, aber sehr kurvenreich und „nicht vergessen: links fahren!" Von Afghanistan nach Pakistan fährt man immer auf der linken, der Bergseite, das ist OK. Doch zurück geht es immer an der Außenseite entlang. In Kurven ist es besonders gefährlich, denn die LKW kommen meist mit einem Tempo um die Kurven und oft nicht ganz links auf ihrer Spur, so dass es manchmal sehr knapp wird und da es keine Leitplanken gibt, ist schon manch einer über die Kante geflogen und da geht es dann auch gleich ein paar hundert Meter hinab. Manchmal kann man noch Reste von solchen Unfällen in den Schluchten sehen. Die Fahrer der LKW, aber auch der PKW, fahren wie die Henker! Sie kennen die Strecke und Allah wird sie beschützen... Also: "Vorsicht"!

Es wird eine abenteuerliche Fahrt. Eine Fahrt über eine Straße, die für die Briten beim Rückzug aus Kabul, zu einer tödlichen Falle wurde. Eine Straße mit tragisch-geschichtlichem Hintergrund! Manches Mal gibt es Ausbuchtungen an der Straße, auf der Bergseite, wo man anhalten kann für einen Rundblick über diese grandiose Bergwelt. In dieser kühlen, klaren Luft kann man bis ins Tiefland von Pakistan sehen, sowie in die Schluchten des Kabul-Flusses, der mit seinem Wasser den Indus-Fluss in Pakistan speist. Dieser Pass ist der wichtigste Bergpass des Hindukusch, der Zentralasien mit dem indischen Subkontinent verbindet. Wir sind nun oben auf der Passhöhe! Dieser Pass wurde von vielen Karawanen benutzt.

"Alexander der Große" und auch "Marco Polo" sollen über diesen Pass nach *Peschawar* gekommen sein, ebenso viele Herrscher, die ihr Reich vergrößern wollten. Ein Teil der *Seidenstraße* führte von *Buchara* nach Indien über diesen Pass. Der Pass diente als Umgehungsweg der Schluchten des Kabul-Flusses *(Darja-je-Kabul)*. Seit vielen Jahren bewohnen und kontrollieren paschtunische Stämme die Region des Khyber-Passes. Im 19ten Jahrhundert geriet der Pass unter britische Kontrolle. 1841/42 wurde hier das von Kabul nach Indien abziehende Heer vollständig vernichtet. Von 16.000 Briten kamen nur knapp 100 an die Grenze und somit in Sicherheit. Im Krieg 1878/80 wurde der Pass wieder von den Briten besetzt. Seit der Unabhängigkeit Pakistans im Jahr 1947 wird er von Islamabad aus verwaltet, obwohl der Pass, geographisch gesehen, in Afghanistan liegt. Hier, auf den Berghängen, stehen viele Gedenksteine für die hier gefallenen britischen Soldaten!

Nach vielen Kurven und Kehren kamen wir oben auf dem Pass an und es lief uns ein Kribbeln über den Rücken. Menschen, eigentlich nur Männer, in den malerischsten Bekleidungen. Von Fellmütze bis zu Turban, von Paschtunenkappe bis zum bunten Fransentuch wurde alles getragen. Dazu Fellmäntel oder knielange Überwürfe, Pumphosen, manchmal mit Gamaschen umwickelt — jeder sah anders aus. Bei der Bewaffnung gab es keine großen Unterschiede. Sie hatten alle in ihren breiten Gürteln eine Pistole und einen Dolch stecken, über der Brust gekreuzte Patronengürtel und in der Hand ein Gewehr. Es sah alles sehr martialisch aus. Dazu die schwarzen Zotteln um ihren Kopf. Man wusste nicht, waren das die Haare oder die Wolle von ihren Karakulmützen? Egal, es sah jedenfalls sehr abenteuerlich aus! So etwas bekommt man eben nur auf solch weiten Reisen, wie wir sie lieben und machen, zu sehen! Aber von all denen hat sich keiner um uns gekümmert, obwohl ich meinte, insgeheim hat jeder von ihnen uns heimlich gemustert, um zu sehen, was wir für Menschen sind und wo wir herkommen. Schwarze Haare und Augen, denen nichts entgeht. Manche hatten auch blondes Haar und blaue Augen. Ob das Nachkommen der Heerscharen Alexanders des Großen waren? Gesprochen haben sie kaum. Ich habe nur gemerkt, wie sie sich manchmal durch einen kurzen Zuruf oder durch kurze Zeichen verständigt haben. Die Männer saßen über die näheren Felsen verteilt. Ob es Grenzsoldaten waren oder Angehörige eines Stammes? Wer weiß? Zur Vorsorge hatte ich die Filmkamera, die ich am Armaturenbrett befestigt hatte, zugedeckt, so dass man sie nicht mehr sehen konnte. Dadurch wurde ich zwar an der Versuchung, Filmaufnahmen zu machen gehindert, aber vielleicht war das auch besser so. Ein Foto habe ich aber gemacht. Ich konnte nicht wiederstehen.

Während der Fahrt kamen wir an mehreren Gedenksteinen mit den Namen der britischen Abteilungen, die hier gekämpft hatten und hier gefallen sind, vorbei. Dann begann die Abfahrt und wir fuhren nun durch *Pakistan*: Ein Staat mit über 126 Mil. Einwohnern, der zwischen *Pamir* und dem Arabischen-Meer liegt. Mit dem Hauptfluss, dem *Indus*, reicht es von *Belutschistan* bis *Pandschab*. Hauptstadt ist *Islamabad*. Die erste Stadt, in die wir einfuhren, war *Peschawar*: Eine quirlige, lebhafte Stadt, mit einem Verkehr wie in Paris am "Place de la Concorde". Nur mit dem Unterschied: Die Fahrzeuge waren verbeulter als in Paris. Aber so bunt bemalt und mit Fransen geschmückt, dass der Fahrer fast nichts mehr sehen kann. Alles fährt kreuz und quer und dabei sind manche hoch beladen und auf der Fracht oben drauf auch noch Menschen. Da kann man sich nur wundern, dass da kein Unglück passiert und keiner herunter fällt! Es kann einem Angst und Bange werden.

Dann plötzlich kommt der ganze Verkehr zum Stillstand. Was ist los? Man hat mit einem Maschendrahttor die Straße gesperrt und mit einem Vorhängeschloss gesichert. Verdutzt standen wir mit unserem Bus eingekeilt zwischen all den Vehikeln. Auf meine Frage sagte man mir: „Es kommt ein Zug." Und das quer durch die Stadt und den Verkehr! Da es keine Schranken gibt, macht man das mit dem Maschendrahttor und dem Vorhängeschloss. Kleine Dreiradtaxen, Fahrräder, bunt bemalte Busse, meist verbeult, und Menschen, Menschen, Menschen! Endlich kam der Zug und wir konnten weiterfahren. Als wir durch das Verkehrsgewühl in der Nähe der Polizei einen Parkplatz für unseren Bus gefunden hatten, zogen wir los, um diese Stadt, von der man schon soviel gehört hat, anzusehen und zu erkunden, ob das alles so stimmt, was man in den Zeitungen so zu lesen bekommt.

Im Voraus: Es stimmt! In fast jeder Straße gibt es offene Läden, die stapelweise ihre handwerklichen Künste ausgestellt haben. Als da sind: Gewehre jeder Art und jeden Kalibers, Pistolen und Revolver, Dolche und selbst die bekannte Kalaschnikow. Das wird alles ganz offen angeboten und jeder kann sich so eine Waffe kaufen nebst Munition. Nach einem Tee in einer *Tschaikana* ging die Fahrt weiter nach *Islamabad,* der Hauptstadt Pakistans. Bei der Einfahrt zur Stadt war linkerhand eine Tankstelle und wir beschlossen, hier im Bus zu übernachten.

Während ich den Bus für die Nacht herrichtete, ist Anni inzwischen auf die Suche nach Wasser für unseren Tee gegangen. Nach einer halben Stunde – ich wunderte mich schon, dass sie so lange wegblieb – kam sie und sagte, dass hinter der Tankstelle ein kleiner Weg zu einem Garten gehe, der sehr gepflegt und mit Gartenstühlen und einem Tisch ausgestattet sei und in dem sich eine Gruppe Frauen und Männer aufhielten. Als man Anni bemerkte, wurde sie gefragt, ob man ihr helfen könne. Anni sagte, dass sie eigentlich nur ein wenig Wasser für den Tee brauchen würde. Hilfsbereit gaben sie ihr eine Kanne Wasser und luden sie und mich ein, ihnen von unseren Reisen zu erzählen. Also zogen wir uns nach dem Abendessen um und gingen dann, es dämmerte schon, in den Garten zu den Gastgebern. Es wurde ein netter und interessanter Abend. Wir erzählen etwas von unseren Reisen und auch von unserer jetzigen. Die Damen wollten natürlich am liebsten alles über Paris wissen! Aber nach einer Stunde, bedankten wir uns für die Einladung und baten um Entschuldigung, dass wir nun gehen müssten, aber die Fahrt von Kabul über den Khyber-Pass bis nach Islamabad war eine lange Strecke gewesen und wir seien doch schon arg müde. Das verstanden sie und entschuldigten sich nun ihrerseits, dass sie uns so lange aufgehalten hätten. Sie wünschten uns eine gute Nachtruhe und für die weitere Reise eine gute Fahrt und eine gute Heimreise. Wir gingen also zu unserem Bus zurück, tranken noch eine kühle Limonade und legten uns zu unserer wohlverdienten Ruhe nieder.

Von Islamabad, der jetzigen Hauptstadt, fahren wir weiter durch *Rawalpindi*, welches zuvor – von 1959-1965 – die Hauptstadt war und praktisch mit Islamabad zusammenhängt. Wir fahren nun durch ein Gebiet, das einer Mondlandschaft ähnelt. Die Berge rechts und links bestehen, meiner Meinung nach, aus lößartigem Material, welches von Wind und Regen tief ausgewaschen ist. Am Rande der Straße stehen gewaltige Bäume. Sie haben riesige Wurzeln, neben denen ein Mensch winzig aussieht, mit herunterhängenden Gewächsen, die aussehen – ja, wie soll ich das erklären? – nun, wie 50-60 cm lange Bohnen oder Gurken. Leider habe ich keinen einzigen Menschen getroffen, den ich hätte fragen können, was das für Bäume sind. Diese Bäume an der Straße erinnerten mich an die großen Affenbrotbäume in Afrika und sie waren auch die einzigen für einige Kilometer, die wir da gesehen haben. Denn auf den Berghängen war auch kein einziger Baum oder Busch zu sehen. Ich vermute, dass sich auf diesen Hängen nichts halten kann, wegen des Windes und der Regenfälle, die dort niedergehen. Bei *Jhelum* überquerten wir einen Seitenarm des Indus und ich versuchte, nach der Brücke ein kurzes Bad im Fluss zu nehmen. Aber ich war schneller aus dem Wasser, als ich drin war. Der Fluss wird von dem Wasser aus den Bergen *Kaschmirs* gespeist und war eiskalt!

Über *Gujranwala* fuhren wir weiter nach *Lahore*. Hier übernachteten wir im ehemaligen britischen Kasino und auf meine Frage, wo wir hier gut essen gehen könnten, hat man uns zum Restaurant am Flughafen geraten. Das machten wir auch und haben es nicht bereut! Wir hatten nun die Berge hinter uns gelassen und das Land wurde ganz flach und grün. Kleine Bäche durchquerten das Land und die Bauern überfluten damit ihre Felder, um sie dann mit ihren Ochsen und primitiven Holzpflügen zu beackern. Ochsenfuhrwerke, haushoch beladen, so dass man fast nichts von den Wagen und ihren Lenkern sieht, ziehen in langer Reihe die Straße entlang. Was sie geladen haben, kann man nicht erkennen. Es kann Gras aber auch Schilf oder auch etwas anderes sein. Es ist auf alle Fälle für den Betrachter ein idyllischer Anblick, der aber nicht darüber hinwegtäuschen kann, dass es eine harte Arbeit ist. So etwa könnte ich mir die Arbeit auch bei unseren Bauern vor 100 Jahren vorstellen. Die überfluteten Felder könnten Reisfelder sein. – Ab und zu steht eine Palme mitten im Feld, was sehr hübsch anzusehen ist. Die Straße ist mit Laubbäumen, ähnlich Pappeln, eingesäumt, die Schatten spenden. Der ist auch nötig, denn es ist hier sehr warm. Es könnten 28° C sein. Durch die überfluteten Felder ist auch die Luft nicht so trocken, was man als Reisender sehr angenehm findet. Man muss nicht andauernd trinken. Mit anderen Worten, das Fahren macht Spaß. Übrigens: Das Wasser für die Felder wird durch kleine Pumpanlagen aus den Bächen geholt. Den ganzen Tag hört man immer das Geräusch der Pumpen. Mit der Zeit hat man sich so daran gewöhnt, dass, wenn sie einmal abgeschaltet würden, einem direkt etwas fehlen würde. Immer dieses leise und langsame: duck, duck, duck. Es hat beinahe etwas Beruhigendes, dieses Geräusch. Hinter *Lahore* fahren wir neben dem Fluss *Ravi* nach Süden. Über *Sahiwal* und *Khanewal* geht es nun in Richtung zur Stadt *Multan*. Ob wir es heute noch schaffen, bis nach *Karatschi* zu kommen? Na, wir werden sehen!

Auf dieser Fahrt von Lahore nach Multan, machte die Straße einen Bogen in Richtung einer Eisenbahnbrücke, die sich über einen Fluss spannte. Die Schranken waren geschlossen und wir warteten, bis endlich der Zug vorbei war und die Schranken sich wieder öffneten. Als der Zug vorbei war und die Fahrt weiterging, da sahen wir, dass

Straße und Schienen eins waren und beide dieselbe Brücke über den Fluss nahmen. Das haben wir auch noch nicht erlebt. Nach Überquerung der Brücke, mussten wir dann wieder von den Gleisen herunter und auf die reguläre Straße fahren, die nach Multan führt.

Multan: Kurz vor Multan merkte ich, dass der Bus immer langsamer wurde. Ich konnte Gas geben, soviel ich wollte. Beim Zurückschalte merkte ich, dass die Kupplung nicht mehr griff. So rollten wir die letzten paar hundert Meter bis Multan dahin. Meine Stimmung über die bis dahin schöne Fahrt war auf den Nullpunkt gesunken. Doch ich glaubte meinen Augen nicht: Rechts neben der Straße stand, als eines der ersten Häuser, eine Werkstatt und auf einer Wand stand in großen Buchstaben "VW". Ich ließ den Bus langsam bis zur Werkstatt ausrollen, zog die Handbremse und stellte den Motor ab. Das Büro, welches ich betrat, war sauber und aufgeräumt. In der Mitte stand ein Schreibtisch und dahinter saß der Werkstattleiter bzw. der Besitzer. Auf meine Frage, ob er mir helfen könne, mein Wagen hätte einen Kupplungsschaden, nickte er mit dem Kopf und sagte: „Sure, I can do this! Only, my problem is that my tools are not complete." Ich sagte: „That's OK. I have!"

Mein Bus wurde nun neben der Werkstatt mit der Hinterachse aufgebockt und dann begannen zwei junge Pakistani, die Kupplung auszubauen. Der Bus war nur soweit aufgebockt, dass man sich gerade darunterlegen konnte. Etwas Öl, was auslief, wurde mit einer Wanne aufgefangen. Es dauerte keine halbe Stunde und die Kupplung war ausgebaut. Sie zeigten mir, dass vom Mitnehmerbelag nur noch kleine Teile vorhanden waren. Dass der Bus noch so weit gefahren ist, war ein Wunder.

Nun kam das Problem: Woher bekomme ich eine neue Mitnehmerscheibe beziehungsweise den Belag? Der eine Mechaniker nahm sein Fahrrad und fuhr von Werkstatt zu Werkstatt. Nach einer Stunde kam er freudestrahlend zurück mit einer Mitnehmerscheibe. Leider war aber auch deren Belag zum Teil schon stark beschädigt. Aber sie schlugen vorsichtig die Nieten heraus und nieteten den Restbelag dieser Scheibe auf meine Scheibe, bauten alles wieder zusammen, füllten das Öl wieder ein und gaben mir ein Zeichen, ich solle ein Stück fahren. Ich startete den Motor, trat die Kupplung, ließ mit ganz wenig Gas die Kupplung kommen und der Bus setzte sich in Bewegung, ohne auch nur einmal zu rucken. Es war ein herrliches Gefühl!!!

Ob man mir in Deutschland auch auf eine solche Art geholfen hätte? Ich begab mich in das Büro und bezahlte die Rechnung. Ich war erstaunt über den niedrigen Preis und die schnelle Arbeit, die von handwerklichem Geschick zeugte. – Ich sollte in Islamabad etwas anderes erleben. Doch davon später. Während der Reparatur an der Kupplung sahen wir uns etwas in Multan um. Multan liegt nahe des *Chernab*-Flusses. Es hat 730.000 Einwohner, eine Universität, Keramikindustrie und natürlich: Landwirtschaft (Reis, Baumwolle und Bananenplantagen). Wir kehrten bei einem Teehaus ein und besprachen, was wir jetzt machen wollen, da ja die Kupplung nur mit Vorsicht zu bedienen ist. Mein Vorschlag war, wir geben die Fahrt nach *Karatschi* auf, fahren von Multan nach *Muzaffargah*, um dort den *Indus* zu überqueren und dann über *Dera Ghaze Khan* weiter nach *Quetta*, um von dort über den *Khojak-Pass* zum Grenzort *Chaman* zu fahren.

Nach Passieren der afghanischen Grenze geht es dann weiter nach *Kandahar*, in der Hoffnung, dort eine Werkstatt zu finden, die die Kupplung wieder in Ordnung bringt. Vor der Abfahrt haben wir erst noch ein Gulasch mit Fladenbrot gegessen und dann ging es los Richtung *Indus*. Dabei darf ich nicht vergessen zu erwähnen, dass die Straßenkarten zur damaligen Zeit sehr schlecht waren. Entweder, weil die Kartographen nicht die beste Ausbildung hatten oder sie durften aus politischen (militärischen) Gründen, nicht zu genau sein. Der Enderfolg für uns war: Ich bog rechts auf eine unbefestigte Straße ein. Linkerhand tauchten im Abstand von etwa 60-70 Metern gemauerte Pfeiler auf. Vermutlich sollte hier entweder eine Straße oder gar eine Eisenbahn gebaut werden, denn da, wo wir fuhren, sah es aus wie ein breites, flaches Flussbett. Nach einigen Kilometern sah ich, dass die Spuren vor mir immer weniger wurden. Ich hielt an und schaute auf die Straßenkarte. Da waren zwar Flüsse, teils wasserführende, teils trockene, eingetragen. Ich konnte aber nicht feststellen, wo wir uns befanden!

Mein Vorschlag war, 100-200 Meter vor zu gehen und zu schauen, wie es weiter geht. Wie gesagt – so getan. Ich setzte meinen Hut auf und ging los. Es war sehr heiß. Ich schätze 50°-55° C. Als ich mich einmal umdrehte, war der Bus nur noch klein zu sehen. Vor mir, soweit wie ich sehen konnte, war keine Straße. Ich drehte wieder um und ging zum Bus zurück. Die Hitze machte mir schwer zu schaffen und ich hatte kein Wasser dabei.

Ich merkte, wie ich langsamer und auch schwächer wurde. Na, das kann schlimm ausgehen! Mir kam die

ich – an einer Straße in Pakistan

Situation mit Anni bei der Fahrt nach Schiras in den Sinn. Doch Anni, die mich die ganze Zeit beobachtete, merkte, dass ich zu taumeln anfing. Sie schnappte sich schnell eine Wasserflasche und den Sonnenschirm und kam mir so schnell als möglich entgegen. Als sie mich erreichte, gab sie mir gleich das Wasser, hielt den Sonnenschirm über uns, nahm meinen Hut und machte ihn nass und setzte ihn mir wieder auf. Ich trank und trank! Nach einiger Zeit konnte ich wieder gehen und mich bei Anni bedanken. Wenn sie nicht so schnell und überlegt gehandelt hätte, wer weiß, wie es geendet hätte.

Nachdem ich mich etwas erholt hatte, schaute ich auf das Thermometer, es zeigte über 60° C an. Na, Danke! Ich sagte: „Es gibt nur zwei Möglichkeiten. Entweder wir bleiben hier bis die Sonne untergeht und die Hitze nachlässt. Das heißt aber: Wir müssen dann bei Finsternis den Weg zurückfahren und dürfen nicht von der Spur abkommen." Zweiter Vorschlag: Den Bus ganz langsam wenden, so dass kein Reifen beschädigt wird, denn der Boden bestand aus Steinen, so scharf wie Glas. Anni sagte, sie sei für die zweite Lösung. Also stieg ich wieder ein und drehte, praktisch nur mit Standgas, langsam am Lenkrad. So machte ich einen weiten Bogen, Platz war ja genug da, bis der Bus wieder in der Richtung nach Multan stand. Anni stieg ein und wie auf rohen Eiern fuhren wir auf der Spur zurück, die wir gekommen sind. Als wir dann die Abfahrt von der Straße sahen, atmeten wir auf. Wir hatten es geschafft! – Jetzt noch die Schräge hinauf und wir standen wieder auf der Straße, die wir vor Stunden – leider – verlassen hatten. Wir fahren nun zurück bis *Dera Ghazi Khan*, dann am Flugplatz vorbei und am Indus entlang bis *Shikarpur*, dann nur noch rechts, Richtung Indus. So hofften wir! Aber es kommt eben oftmals ganz, ganz anders...!

Von *Shikarpur* fahren wir über *Jacobabad* bis nach *Sibi* etwa 190 Kilometer. Von dort bis *Quetta* nochmals 160 Kilometer, dann noch 120 km und wir sind wieder in Afghanistan. Als wir in *Dera Ghazi Khan* für den heutigen Tag Schluss machen, haben wir uns ein gutes Abendessen verdient und auch einen guten Schlaf. Am nächsten Morgen dann also die Weiterfahrt Richtung *Quetta*. Der Motor lief ruhig, die Kupplung machte keinen Ärger, was wollten wir also mehr?

Von *Shikapur* und *Jacobabad* führt die Asphaltstraße weiter durch die Wüste *Kachhi*. Soviel tausend Kilometer gefahren und immer ohne Probleme und nun gleich drei Tage mit Problemen – erst die Kupplung, dann die falsche Straße und was kommt jetzt? Wir sehen, dass ab und zu etwas Sand links und rechts auf die Straße geweht wurde. Na und? Das haben wir in der Nordsahara auch gehabt. Aber es wurde immer mehr. Zum Schluss war kein Asphalt mehr zu sehen, nur noch Sand. Nach etwa 60 Kilometern sahen wir am Horizont – ganz klein und winzig – ein Auto stehen, nein zwei, nein drei Autos. Als wir näher kamen, sahen wir eine ganze Kolonne von Pkw, Lkw und auch Reisebussen. Und alle standen sie tief im Sand. Ich hielt 50 Meter hinter dem letzten Auto an und stieg aus, um mich zu erkundigen, was da los sei. Ein Busfahrer, der etwas englisch sprach, erklärte mir, sie stünden schon seit drei Tagen hier und würden durch Hubschrauber aus der Luft mit Lebensmitteln und Wasser versorgt. Na, das ist ja eine schöne Bescherung!

Das wollte ich natürlich nicht mitmachen. Ich sprach mit einigen Pakistani. Mit Händen und Füßen erklärte ich ihnen, dass die, die mich aus dem Sand schippen, so dass ich wieder zurückfahren kann, auf dem Dach des Busses mit zurückfahren dürfen. So viele Schaufeln hatte ich gar nicht an Bord, wie sich Männer meldeten. Ich gab ihrem Sprecher meine zwei Schaufeln und sie legten gleich los. Langsam zeigte sich der Erfolg und die Räder waren frei vom Sand. Nun also muss ich nur noch den Bus drehen. Ich startete den Motor. Viel Platz hatte ich ja nicht, aber mit einmal links einschlagen, 30 cm vor und dann rechts einschlagen und 30 cm zurück und so weiter, bis ich den Bus ganz herum gedreht hatte, gelang es! Als es soweit war, klatschten alle vor Freude, dass es mir trotz des kleinen Platzes gelungen war, den Bus zu drehen. Fünf oder sechs der Männer, die geholfen hatten, kletterten auf das Dach des Busses und unter Lachen und Winken fuhr ich langsam wieder zurück. Die Männer wollten versuchen, mit dem Zug nach Quetta zu kommen. Na, vielleicht hatten sie Glück und kamen gut in Quetta an. Wir wünschten es ihnen.

Als wir also auf der sandfreien Straße waren, fuhren wir bis *Jacobabab*, ließen die Männer absteigen, gaben ihnen zum Abschied die Hand und fuhren weiter zurück nach *Multan* und übernachteten dort, um am nächsten Tag die lange Rückfahrt Richtung *Khyber-Pass* anzutreten. Es geht wieder durch die uns so gut gefallende Landschaft, wieder mit dem so angenehmen Ton der Pumpen mit ihrem „duck, duck, duck"! Die Menschen waren wie immer freundlich und wenn wir besonders langsam an den Bauern, die auf ihren Feldern arbeiteten, entlang fuhren, richteten sie sich auf und grüßten uns mit einer Handbewegung. Von *Lahore* ging es nach *Rawalpindi/ Islamabad*. Dort beschlossen wir, den Bus in eine VW-Werkstatt zubringen, die es bestimmt in der Hauptstadt gibt und die Mitnehmerscheibe der Kupplung gegen eine neue auswechseln zu lassen. Nach einigem Fragen fanden den wir auch diese Werkstatt. Sie sah außen genau so sauber aus wie innen. Alles sehr sauber und aufgeräumt. Also ging ich in das Büro und sagte, was gemacht werden sollte. Ein Auftragsschein wurde geschrieben und von mir unterzeichnet. Ich kam mir vor wie in Deutschland.

Zuerst wollte ich mit Anni in ein Cafe gehen und dort die Zeit abwarten, bis die Kupplung fertig war. Doch als ich sah, wie zwei junge pakistanische Mechaniker etwa ratlos vor dem Bus standen, sagte ich: „Wir warten noch eine kleine Zeit, bis sie mit der Reparatur angefangen haben." Endlich hoben sie den Bus mit der Hebebühne hinten etwas hoch, um dann noch zwei Kollegen dazu zu holen. Nach einiger Beratung hoben sie den Bus noch etwas höher. In der Zeit hatten die beiden Mechaniker in Multan längst die Kupplungsscheibe ausgebaut und eine Stunde später war alles erledigt gewesen – und das alles zu einem Preis, den man in Deutschland als Trinkgeld gibt! Die vier Mechaniker palaverten hin und her, bis sie dann anfingen, den Bus noch höher zu heben, um dann endlich Werkzeug in die Hand zu nehmen. Weil der Bus viel zu hoch war, fing das Öl an auszulaufen. Das kann ja heiter werden...!

Sie schraubten nun drauflos. Inzwischen waren es schon fünf Mechaniker. Ich ging in das Büro und wollte wissen, was da an meinem Wagen rumgeschraubt würde. So etwas hab ich noch nie erlebt! Nun schickte der „Chef" noch zwei Männer zum Bus, die aussahen, als wären sie deutsche Mechaniker. Jetzt haben also die zwei die Mitnehmerscheibe eingebaut, während die anderen fünf zusahen. Nach der doppelten Zeit als in Multan war der Bus dann fahrbereit und ich bekam im Büro die Rechnung. Als ich die sah, haute es mich bald um. Nicht nur, dass sie teurer als in Multan war – das hatte ich mir schon gedacht – nein, sie war auch bedeutend höher als in Deutschland. Da waren Arbeiten aufgeführt, die nur durch das Unvermögen der Mechaniker entstanden waren. Ich weigerte mich, diese Rechnung zu bezahlen, da sie viel zu hoch war. Da wurde dann noch einmal alles überrechnet und dann kam ein Preis heraus, der zwar immer noch zu hoch war, aber doch um ein Drittel weniger als zuvor. Ich bezahlte den neuen Preis, startete den Motor und fuhr mit meiner Frau zu einem späten, aber frugalen Mittagessen.

Am Nachmittag fuhren wir zur deutschen Botschaft um uns zu erkundigen, wo man die Visa für die Einreise nach Afghanistan bekommt. Ein Herr mit dem Dialekt eines Rheinländers wollte es mir gerade erklären, als ein Wagen vorfuhr, dem ein gut gekleideter Herr entstieg, kurz bei uns stehen blieb und sich erkundigte, ob wir ein Problem hätten. Als er hörte, um was es sich handelte, sagte er zu dem Rheinländer, er solle doch mit dem Wagen vorausfahren und uns den Weg zeigen, denn das ginge doch schneller. Wir bedankten uns für seine Hilfe, da meinte er, dafür sei er doch da! Es war der Botschafter selbst. – Dadurch waren wir in 10 Minuten bei dem Passbüro und ich in meinem weißen Hemd und schwarzer Hose, wurde sogleich an der Menschenschlange vorbei geleitet und einige Minuten später hatte ich unsere Visa für die Einreise nach Afghanistan in den Händen. Danach hat ein gutes Abendessen in einem Restaurant, wo viele deutsche Geschäftsleute einkehrten, uns mit allem wieder versöhnt. Der Restaurantbesitzer war übrigens ebenfalls aus dem Rheinland! Der nächste Morgen sah uns auf der Fahrt nach *Peschawar* und dann kam Aufstieg und Überquerung des uns nun bekannten *Khyber-Passes*. Nur hatten wir jetzt das zweifelhafte Vergnügen, dass wir wegen des Linksverkehrs nun auf der Außenseite der Straße fahren mussten. Also immer da, wo es, wenn man nicht aufpasst, mehrere hundert Meter in die Tiefe geht. Man ist dann zwar schnell unten, nur, man hat nichts mehr von dieser ungewollten Abkürzung! Aber trotz alledem, diese Fahrten vergesse ich nie mehr! Auf der Passhöhe saßen wieder zwischen den Felsen die Männer. Man meinte, sie hätten sich seit unserer damaligen Überquerung nicht von der Stelle gerührt.

Nun kam die Abfahrt zur Grenzstation und weiter über *Dschalalabad* nach *Kabul*. Als wir im "Khyber" eintraten und die Bedienung uns sah, war gleich große Begrüßung angesagt. Wir mussten erzählen was wir so in Pakistan erlebt haben und wieso wir wieder nach Kabul gekommen sind, da wir doch von Pakistan über *Quetta* und *Kandahar* nach Afghanistan zurück wollten. Nun, wir erzählten von der seit Tagen mit Sand zugewehten Straße, und dass wir deshalb wieder hier in Kabul gelandet seien. Dass wir aber nur einen Tag bleiben könnten, da wir durch den Umweg zu viel Zeit verloren hätten, unser Urlaub sich dem Ende zuneige und wir pünktlich wieder an unserem Schreibtisch sitzen müssten. Also noch einen Tag in und durch *Kabul*, danach – aber mit Volldampf! – ab Richtung Iran. Den einen Tag in Kabul haben wir uns noch schön gemacht. Wir sind zu Fuß durch die Stadt gelaufen und haben den Flair dieser Stadt noch einmal auf uns einwirken lassen! Bei einer Mädchenschule haben wir durch die offen stehenden

Fenster zugehört. Leider nicht lange, denn die Schule war gerade aus und die Mädchen kamen heraus. Sie hatten alle kurze, dunkelblaue Röckchen an und trugen dazu eine weiße Bluse. Ich dachte, ich sei in England. Sie waren etwa zwischen 12-14 Jahre und benahmen sich genauso, wie die jungen Mädchen in Europa. Sie flüsterten sich gegenseitig ihre kleinen Geheimnisse ins Ohr und kicherten und lachten. – Nun, auch dieser Tag ging zu Ende und vor dem Einschlafen waren unsere Gedanken schon bei der Fahrt am nächsten Morgen nach *Kandahar*.

Da so gut wie kein Straßenverkehr bestand, konnte ich auch den Anblick der Landschaft besser genießen und in mich aufnehmen als bei der Herfahrt. Wir übernachteten in *Kandahar* und fuhren am nächsten Tag in Richtung *Herat*. Also alles wie gehabt, mit einem Unterschied: in der Nähe der Brücke über den *Helmend* trafen wir zwar wieder auf einen Wagen von der UNICEF. Aber leider waren die Unicef-Leute heute am Fluss unterwegs, so dass wir nicht mit ihnen sprechen konnten. Nun fuhren wir bis nach *Herat* durch. In *Herat* angekommen, fuhren wir gleich zu unserem Hotel, in dem wir bei der Herfahrt genächtigt hatten und nahmen wieder ein Zimmer für die Nacht. Es war doch ein schöner Tag mit einer guten Fahrt gewesen.

Nun also die letzte Nacht in Afghanistan und dann sind wir schon wieder im Iran, dem Land, welches wir vor einigen Wochen von Nord nach Süd und wieder nach Nord durchfahren haben – mit seinen vielen wunderschönen Städten und freundlichen Menschen. Nun durchqueren wir den Iran von Osten nach Westen und fahren über die Grenze nach *Mashad*, wo wir bei der

Herfahrt gehalten haben und das Pärchen aus der Vorderpfalz kennenlernten. Am Abend gingen wir noch ein bisschen spazieren, da sehe ich einen blauen VW-Bus stehen. Ich sagte zu meiner Frau: „Schau mal, der sieht so aus, wie der von dem Pärchen." Wir gingen zu dem Bus und sahen das Nummernschild von Mannheim. Dann sind sie es auch! Wir warteten und da kamen sie auch schon. Die Freude war auf beiden Seiten groß! Das war eine Begrüßung! Sie erzählten, was sie so lange hier gehalten hat und wir mussten erzählen, wo wir gewesen sind und was wir auf unserer Fahrt erlebt haben. Es wurde ein langer Abend! Beim Verabschieden versprach ich ihnen nochmals, dass ich auf alle Fälle bei der Mutter des jungen Mannes vorbeischaue, die Grüße ausrichte und ihr sage, dass es ihnen gut geht.

Am nächsten Morgen: Abfahrt von *Mashad*. Wir fuhren mehr südlich über *Sha Taq* nach *Neyshabaur*. Diese Stadt hat über 52.000 Einwohner und ist der Geburtsort des Dichters *Omar Chayyam*. Er wurde nach seinem Tod fünf Kilometer südlich, in einem prächtigen Garten, bestattet. Unsere Fahrt ging weiter über *Sabzevar* und *Sharud* und verlief ziemlich genau der Bahnstrecke folgend bis *Teheran*. Von *Mashad* bis *Teheran* sind es etwa 900 Kilometer. In *Teheran* fuhren wir gleich bis zu unserem bekannten Campingplatz, duschten uns den Schweiß und Staub herunter, aßen im kleinen Restaurant des Platzes und sind dann hundemüde in unsere Betten gefallen.

Am nächsten Morgen, nach dem Frühstück, geht die Fahrt gleich weiter. Wir wollten noch bis *Täbris*. Das sind knapp 700 Kilometer. Das heißt: fahren, fahren, fahren! In *Täbris* angekommen haben wir gleich ein Hotel mit Garten für unseren Bus gesucht. – Was für ein Glück!

Ganz in der Nähe war eine Autowerkstatt und die brauchte ich, weil der Motor wieder einmal einen Ölwechsel nötig hatte. Also am nächsten Tag ab in die Werkstatt und dem Chef mein Problem erklärt. Er sah das ein und mein Wagen wurde gleich in die Halle gefahren und der Ölwechsel sofort durchgeführt. – „Danke Chef!" Danach sind wir noch bis *Barzagan*, zu dem Hotel kurz vor der Grenze gefahren, wo wir auch damals bei der Herfahrt übernachtet hatten und da machten wir für den heutigen Tag Schluss. Nächster Tag: nur 200 km bis nach *Bazargan*, praktisch nur eine Spazierfahrt gegen die letzten Tage.

Am folgenden Tag waren wir schon früh an der Grenzstation. Am *Ararat* vorbei, fahren wir nach 300 km in *Erzerum* ein. *Erzerum*, unvergesslich wegen der gestohlenen Fotokamera. Wir beschlossen, unsere Weiterfahrt soll etwas anders verlaufen, als die Herfahrt quer durch die Türkei. Stattdessen fahren wir von *Erzerum* bis *Askala* und biegen dort auf die Straße nach *Trabzoni* am *Schwarzen Meer* ein. Die Straße geht über die Städte *Bayburt* und *Torul*. Dabei sind mehrere Gebirgszüge mit über 3000 Metern zu überwinden, bis man dann in *Trabzoni* am Schwarzen Meer ankommt. Bei dieser Fahrt konnte man denken, hinter der nächsten Kurve könne nur noch der Himmel sein, so ging es die Berge hinauf. Aber nein, es kam noch eine Kurve und noch eine Kurve und immer steiler wurde die Straße, bis sie uns endlich langsam abwärts fahren ließ! In *Trabzoni* angekommen, waren wir etwas enttäuscht. Anstelle einer Stadt mit Sandstrand und Fremdenverkehr, sahen wir nur eine Hafenstadt mit alten, rostigen Frachtschiffen und dazu auch noch ein Himmel, der alles „Grau-in-Grau" erscheinen ließ!

Nach dem Glanz der iranischen Städte, dem wild-romantischen, nach Abenteuer duftenden Land der Afghanen, dem Land zwischen den höchsten Bergen der Erde und Pakistan vom Hindukusch bis zum indischen Ozean – nun dieses!! Wir machten das Beste daraus und suchten ein Hotel und ein Restaurant. Die schönste Erinnerung an diesem Tag war die Fahrt durch das Gebirge. Phantastisch!!

Wir fahren nun die Küstenstraße entlang und wollen in der Stadt *Samsun* übernachten. Das Wetter hat sich gebessert und die Sonne scheint vom blauen Himmel. Die 400 Kilometer bis Samsun sind also kein Problem. Bei der Abfahrt in *Trabzoni*, sagte uns der Wirt, das schlechte Wetter gestern wäre daher gekommen, dass weiter im Westen ein großes Unwetter gewesen sei. Aber heute sei es wieder schön und er wünsche eine gute Fahrt. Die gute Fahrt hatten wir, auch schöne Ausblicke. Links blickten wir auf das Gebirge und rechts auf das Meer, welches im Norden an die Sowjet-Union mit der Halbinsel *Krim* stößt. Wir durchfuhren *Giresin*, um dann bei *Carsam* über die Brücke des *Yesilimak* nach *Samsun* zu kommen. Aber da gab es einen Stau durch eine Umleitung, da bei dem gestrigen Unwetter die Brücke zerstört worden war. Es gibt eben keine Fahrt, bei der nicht etwas dazwischen kommt. – Dann heißt es: Geduld und nochmals Geduld!

Langsam begann sich die Autoschlange in Bewegung zu setzen. Vor den Trümmern der Brücke mussten wir nach links abbiegen. Rechterhand der Fluss, der nun wieder ruhig in einem Bett floss. Langsam krochen wir hinter den anderen dahin. Manchmal bog ein Auto oder Lkw links zu irgendwelchen Dörfer ab, so dass es immer weniger Autos vor uns gab, bis zum Schluss nur noch ein Bus vor uns herzockelte. Da merkte ich, wie sich die hintere Ladeluke langsam öffnete und mit der Zeit der Spalt immer größer wurde. Nun konnte man schon einen Teil der Ladung erkennen. Ich hupte, ich blinkte und hupte wieder, doch der Fahrer des Busses reagierte überhaupt nicht. Auch die Leute im Bus hörten mich nicht. Die Ladeklappe öffnete sich immer weiter bis mit einem Mal ein großer Plastiksack herausfiel und auf der Straße liegen blieb. Ich hielt an, sprang heraus, hob den Sack in die Höhe und winkte und rief, doch der Bus fuhr immer weiter. Ich zurück zu meinem Bus, den Sack hinein geworfen und dem Bus hinterher! Da kam endlich eine Brücke, über die ich nach rechts abfahren musste und ich dachte mir, wo eine Brücke ist, ist vielleicht auch eine Bushaltestelle und der Bus muss anhalten. Ich hielt an und wollte aussteigen, da sah ich, dass der Bus nach links weiterfährt. Ohne anzuhalten, bog er um die nächste Kurve nach links, und war entschwunden und ich stand auf der Straße mit dem Plastiksack in der Hand. Jetzt erst schaute ich nach, was in dem Sack war. Ich machte große Augen und zeigte den Inhalt meiner Frau. Sie sagte: „Und was macht du jetzt damit?" In dem Sack befanden sich bestimmt 5 Kilo Nudeln!

Ich fuhr nun über die Brücke. Hinter der Brücke musste ich wieder rechts auf die Straße, auf der wir nun auf der anderen Seite des Flusses zurück bis nach *Samsun* fuhren, wo wir auf alle Fälle übernachten wollten. Wir fanden ein nettes Hotel mit Restaurant und machten nach dem Essen noch einen kleinen Abendspaziergang. Am nächsten Morgen suchte ich die Polizeistation auf, um dort den großen Nudelsack abzugeben. Doch die Herren sahen Arbeit auf sich zu kommen und waren nicht sehr erbaut davon und der eine meinte, ich führe doch bestimmt nach Ankara, dann solle ich doch so freundlich sein und den Fund nach Ankara mitnehmen, denn dort sei die Stelle für solche Funde. Auf meine Frage, wo in Ankara diese Stelle sei, meinte er, in Ankara könne ich dies bei jeder Polizeistelle abgeben, alles Weitere würde von dort erledigt. Ich dachte: „Na ja, andere Länder, andere Sitten!", sagte den Polizisten auf Wiedersehen und bin mit dem Nudelsack zum Bus zurück. Anni fragte mich, ob das stimme. Na, wir werden seh'n!

Die Strecke von Samsun bis Ankara sind nur etwa 400 km, also nicht so weit. So gondelten wir am nächsten Tag gemütlich von *Samsun* über *Corum* und *Yahsihan* bis Ankara. Ankara war uns in guter Erinnerung geblieben. Erstens, wegen des Hotels mit Garten und Stromanschluss und zweitens, wegen des Taxifahrers, der uns durch ganz Ankara gefahren hat, uns viel über die Stadt erzählt und dabei fast alle Sehenswürdigkeiten gezeigt hat. Am Nachmittag kamen wir in Ankara an und fanden auch gleich unser Hotel mit dem schönen Garten wieder. Wir bekamen wieder die Erlaubnis, im Garten unseren Bus abzustellen. Den Rest des Tages haben wir dann in dem schönen Garten ausklingen lassen, bewunderten dabei den schönen Sonnenuntergang und das Farbenspiel der Abendwolken.

Während ich ganz versunken das schöne Schauspiel des Sonnenunterganges betrachtete, kam die prosaische Frage von Anni, was jetzt mit dem Sack voll Nudeln werde? „Nun", sagte ich, „ich wollte sie der Polizei in Samsun abgeben. Doch die wollten sie nicht haben und sie wussten auch nicht, was da zu machen wäre. Also wenn die Polizei nichts tut, dann tue ich auch nichts.

Dann fahren eben die Nudeln als Andenken mit nach Kaiserslautern und dort laden wir dann unsere Freunde zu einem schönen Nudelabendessen ein. Basta!" Also fuhren wir am nächsten Morgen von Ankara nach Istanbul, um dort das letzte Mal auf türkisch-asiatischem Boden zu übernachten.

Am Morgen danach setzten wir mit einer Fähre vom asiatischen zum europäischen Festland über, und hiermit will ich unsere abenteuerliche Reise durch den Orient beenden.

Vier Tage später kamen wir in Kaiserslautern an.

Fazit dieser Reise: in 5 1/2 Wochen durch acht verschiedene Länder. Davon mitgebracht: wunderschöne Fotos und Erinnerungen, aber auch mit mancher Sorge verbunden. Aber zum Schluss: Alle gesund und munter!

Was noch? – Ach, ja! 22.000 Kilometer auf dem Tacho und im Gepäck einen "Zehnpfund-Nudelsack"!

Der Autor wurde am 25.3.1928 in Friedrichswald, im Kr. Reichenberg (CSR - Sudetenland) geboren. Beruf Schauspieler. Während der Ausbildung, bei einem Fronttheater eingesetzt. Von 1945-1950 nach der Ausweisung, in Köthen - Sachsen /Anh. gelandet.- Bis April 1950 bei einer Tournee-Bühne gearbeitet. - Mai 1950 nach West-Deutschland. Seit 1951 in Kaiserslautern bei den US- Engineers. Erst als Heizer, dann als Fahrer und seit 1960 beim US-Nachschub. 1976 zur US-Airforce-Ramstein.. 1977nach Frankfurt/M.- Hier wieder zur US-Army (Logistik).- Zwischen-zeitlich Reisen durch Skandinavien, Frankreich, Italien, Spanien, Portugal, Ungarn, Rumänien, Bulgarien, Griechenland, Nordafrika, Türkei und durch den Mittleren Orient. Er war in seiner Freizeit - Ski, Rad und Motorbootfahrer, Taucher, Segler und nun : "Reise-Schriftsteller." Er wohnt seit 1981 am südlichen Rande des Frankfurter Stadtwaldes.

Frankfurt/Main - 2008